Después del paseo

Los lugares maravillosos a donde nos lleva la imaginación

Cecilia Anastos

Cecilia Anastos, LLC

Contents

Prólogo

Antes que nada, gracias por comprar este libro. Aprecio su sentido de curiosidad para descubrir lo que pasa después del paseo.

Todos los días, camino con mis perros entre 5 y 7 km. por el pueblo de Ramona, CA. Mientras que caminamos, practico meditación. Mi concentración está en los sonidos que hacen las patas de los perros y mis pies al tocar el suelo, la respiración de los perros y la mía, el sonido que hacen las hojas cuando las acaricia el viento, y las voces altas de algunos perros reactivos que encontramos por el camino.

Este no es un libro sobre meditación o adiestramiento de perros. Es un libro sobre filosofía de vida y la mente siempre pensativa que florece después de las caminatas. Si usted alguna vez trató de aprender a meditar, estoy segura que aprendió que cuando meditamos se meten algunos pensamientos en la mente, y le han enseñado a reconocer el pensamiento y luego volver a concentrarse en la respiración. Medito desde pequeña y mi mente está adiestrada para que haga a un lado esos pensamientos. Hace unos días, decidí que esos pensamientos deberían ser partes de un libro.

¿Alguna vez se encontró pensando en voz alta y dialogando largo y tendido con su sombra? No quiere decir que ha perdido la cabeza. Es el producto de una mente activa. Este libro se trata de esas conversaciones significativas que tengo con mi sombra cuando regreso de las caminatas y le doy rienda suelta a mi mente para que continúe el dialogo.

En octubre de 2021, Julie Gallant, escritora para el periódico local Ramona Sentinel, me entrevisto, y hablamos sobre el hecho de que yo elegí la tela y las bellas artes para expresar sentimientos complejos. Pocos meses después de esa entrevista, decidí tomar la pluma para expresar cosas para las cuales la tela y las bellas artes no son el medio ideal.

En el momento de escribir este libro, mis compañeros leales de cuatro patas fueron mi perra de servicio Nena, sus hijas Juliette y Panda, Jolie, Kapa'a, Indie y Luna.

Ramona, California

2022

Los vagabundos de playa

Crecí junto al mar. Desde pequeña, he sido una buena caminante. Mis primeras memorias de caminatas inolvidables son después de haber cumplido los 12 años de edad. Mi hermano y yo caminábamos por la playa de una punta a la otra.

Para cuando tenía 16 años, nos habíamos graduado a horas y horas de caminatas a lo largo de la costa del Atlántico. Empezábamos a las 9 a.m. por la playa La Perla y caminábamos por horas hasta llegar al faro. Luego, se hacía la hora de regresar.

Ahora, cuando cierro los ojos, todavía puedo ver los días soleados y la multitud en la playa. Escucho el sonido que las olas hacen al llegar al final de la playa, antes de regresar al mar. Siempre caminábamos a lo largo de esa línea delicada donde el mar acaricia la arena y nos enfría los pies.

Caminábamos juntos el uno al otro llevando las conversaciones del siglo, cantando nuestras canciones favoritas de Pink Floyd, Yes, Rush, Sui Generis y Joan Manuel Serrat. Desde pequeños, fuimos lectores abnegados así que siempre había algún tema que daba rienda suelta a nuestra imaginación, y nos hacía crear un mundo donde todo funciona como un reloj suizo.

Mi hermano siempre caminaba a mi izquierda. Fue por ello que decidí usar mi reloj en la muñeca derecha para no toparlo contra la mano derecha de mi hermano. Todavía mantengo esa costumbre y uso el reloj en la muñeca derecha. Cuando cierro los ojos, sigo imaginando un mundo donde todo realmente funciona bien, como un reloj suizo.

Durante nuestras caminatas, hablábamos sobre las tribulaciones de la vida que capturan la mente de dos adolescentes que se estaban educando en una familia de clase media alta. Sabíamos que nuestro destino era dejar esa ciudad. Planeábamos nuestras vidas profesionales. Soñábamos sobre las aventuras que queríamos llevar a cabo. Mi hermano y yo éramos desde nacimiento como culo y calzón, siempre juntos.

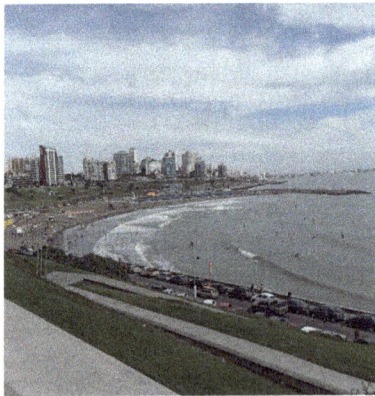

Un día, paramos en el náutico para visitar a Atilio. Atilio trabajaba en el náutico. Él siempre estaba ayudando a mis padres con el velero y para nosotros era como un tío adoptado. A medida que nos íbamos acercando a la marina, vimos un velero con bandera francesa. En esa época, mi hermano ya hablaba francés perfectamente y yo todavía no.

Decidimos acercarnos al velero para preguntar si estaban navegando alrededor del mundo y ofrecer ayuda en lo que necesitaran. Así fue como conocimos a Eric Valli, que ahora es un fotógrafo famoso para la revista Geografía Nacional y vive en Nepal, su novia en esa época Christine de Cherisier, y la otra pareja era Phillip y Sarah (no me puedo acordar el apellido de ellos). Cambiamos al idioma inglés así yo podía ser parte de la conversación. Éste fue el encuentro que nos lanzó a planear nuestra propia navegación alrededor del mundo.

Pasamos un mes con Eric y su tripulación. Los llevamos a la ciudad a comprar repuestos para el velero, hicimos de traductores, les mostramos los mejores lugares para comer pescado. Los lugares que solamente los locales conocen.

Llegaba el final del verano, Eric y su tripulación debían continuar el viaje y mi hermano y yo teníamos que regresar a nuestros estudios. Nos mantuvimos en contacto con Eric por muchos años hasta que él se mudó a Nepal y nos dejó de escribir.

¡Hasta el próximo paseo!

Longevidad

Mi meta es vivir hasta los 122 años. El número exacto tiene que ver con la francesa Jeanne Louise Calment que falleció a la edad de 122 años y 164 días.

La longevidad se convirtió en mi meta cuando cumplí los 18 años. Dejé la casa de mis padres y tomé control total de mi dieta. Mis abuelos vivieron muchos años. Mi abuelo paterno, estadounidense, vivió hasta los 98 años, su esposa hasta los 94, y mi abuelo materno, español, hasta los 90. Lamentablemente, mi abuela materna, italiana, falleció a la edad de 65. Tenía cáncer de hígado.

Ni hablar de las cosas que comían. Mi abuelo fumaba toscanos. Mi abuela paterna vivía prácticamente de carne y pensaba que solamente los conejos comen verduras. A pesar de estos estilos de vida, todos tenían los denominadores comunes para la longevidad que Daniel Buettner describe en su libro Las zonas azules — una red de amigos, caminatas diarias, un vaso de vino, nueces, pasión por la lectura, y una familia que los amó hasta la muerte.

Mi abuela Magdalena jugaba al tenis y todos los años, hasta el momento de fallecer, participaba en el almuerzo anual con todos sus colegas. Me invitó a uno de esos almuerzos y quedé tan conmovida y fascinada al escuchar las conversaciones de esos octogenarios y nonagenarios.

Ese mismo año, en el club náutico donde navegué desde pequeña, conocí a una mujer que tenía 80 y pico de años y parecía de 50. Fue para mí el punto decisivo de hacer lo que fuera necesario para vivir una vida larga y saludable.

¿Hice la dieta perfecta todo el tiempo? No. Disfruté de tortas y chocolate. Las bebidas alcohólicas nunca fueron parte de mi estilo de vida, sin embargo, me "emborrachaba" con chocolate, masas finas y masas secas (exquisiteces belgas, francesas, suizas y argentinas).

En la década de los 90, adopté la dieta paleolítica. Me di cuenta que el azúcar aumentaba la frecuencia de mis ataques de pánico. Le hice un comentario a Suzanne G., quien administraba uno de los equipos de polo en el Club de Polo de Del Mar. Ella fue quien me presentó a la famosa dieta paleolítica. Me pasé esa década leyendo todo sobre el tema de extender la expectativa de vida. Los libros Cerebro milagroso y El programa de Okinawa fueron los que más influenciaron mi dieta.

Al entrar al siglo XXI, noté que el tema de la longevidad se había hecho popular. Es más, en el año 2015, Megan Friedman, escritora de la revista Esquire, publicó un artículo sobre Dmitry Kaminskiy y Dr. Alex Zhavoronkov, dos expertos en longevidad, porque hicieron una apuesta de un millón de dólares para ver quien vivirá pasando los 100 años de edad. Las condiciones de la apuesta dicen que quien se muera primero después de cumplir los 100 años paga el millón al otro.

Debido a que hay muchas variables en el tema de la longevidad, me tengo que concentrar en las cosas que están bajo mi control, tal como la dieta y el estilo de vida. Soy consciente de todas las variables que podrían terminar mi vida en corto plazo sin que yo causara mi propia muerte - accidentes, desastres naturales, convertirme en la víctima de un crimen violento, guerras y pandemias. Mientras que escribo estas líneas, estamos entrando en el segundo invierno con el virus del COVID-19 volando por nuestras cabezas, y el libro Las zonas azules escrito por Dan Buettner es ahora super popular.

Recuerdo la conversación que tuve hace bastante tiempo con mi amigo Wolf A. Yo tomaba vitaminas y medía la cantidad de comida que ingería, y él me pregunto si el estrés de seguir un plan alimenticio tan estricto no era contraproducente con el objetivo de la longevidad. Una pregunta excelente que me dejó pensando por bastante tiempo. Debo decir que estoy de acuerdo con él. Me hizo dar cuenta que este enfoque extremo en lo que pongo o no pongo en mi cuerpo se parece al hecho de pensar mucho sobre no tener que pensar durante la meditación. Pude alcanzar un equilibrio en dónde presto atención a mi plan de alimentación, sin embargo, no me estreso sobre el deseo de la longevidad.

En el momento de escribir este libro, mi dieta se basa en pescado como la única fuente de proteína animal, frutas, nueces, y una variedad de verduras de hoja; así como también, porotos pinto, garbanzos y chauchas francesas. Camino entre 2.5 y 5.5 millas por día. Duermo ocho horas por la noche, y hago la clásica siesta después del trabajo. Mis ancestros italianos eran fanáticos de estas siestas y no pienso interrumpir la tradición.

A menudo me pregunto lo siguiente - ¿nuestros años de vida quedan determinados al nacer? ¿Tiene alguna influencia la astrología, o sea la hora, día, mes y año de nuestro nacimiento?

Como Zen Budista, creo en la reencarnación. ¿Es que nuestro destino queda afectado por las vidas pasadas que llevamos dentro?

¡Hasta el próximo paseo!

Caminar y hablar

Todos los años, mamá se pasaba semanas conmigo en la casa de campo que yo tenía en el Estado de Virginia. La casa estaba ubicada en un cul-de-sac y quedaba a más o menos una milla antes de llegar al final del cul-de-sac. Ésto es pleno campo y las casas están espaciadas con hermoso césped verde que las rodea durante los meses de primavera y verano.

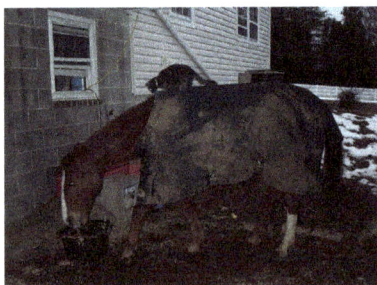

A mamá y a mí nos encantaba caminar juntas. Todas las tardes después de mi trabajo llevábamos a mi hijo, que en ese momento tenía 9 años de edad, y los perros a caminar. Caminábamos junto al camino hasta el final del cul-de-sac y luego de regreso a la casa. En algunas ocasiones, si yo no había tenido tiempo de ejercitar al caballo Dakota, lo llevamos de paseo con un cabestro como si fuera un perro más.

Un día, mi hijo no tenía ganas de caminar. Yo no quería dejarlo sólo en la casa. Lo convencí de que caminar era bueno para su salud, y que era bueno para la abuela y para mí. Finalmente, y con la típica actitud rebelde de un niño de 9 años, se unió al paseo.

Ese día en particular, mi hijo hablaba hasta por los codos. Los dos charlamos durante todo el trayecto hasta llegar al cul-de-sac. Mi hijo hablaba con voz de quejido y rápido. A veces, hasta susurraba lo que me quería decir. Si bien mamá hablaba bien el idioma inglés, le daba trabajo comprender lo que mi hijo decía.

Cuando dimos la vuelta para volver a casa, mi hijo se quedó callado. Le dio la oportunidad a mi mamá de comenzar a hablar. Debo decir que ella era también muy charleta así que estoy segura de que usó un control adicional para no interrumpir la conversación que mi hijo y yo llevábamos.

Cuando le tocó el turno de hablar a mamá, me dijo que estaba tan contenta de que mi hijo y yo tuviéramos una comunicación tan fluida. Estaba feliz de verlo hablar tanto conmigo, y empezó a darme lata sobre lo importante que es tener diálogo con nuestros hijos. Finalmente, no pude resistir más y empecé a reírme a las carcajadas. Me miró con cara de consternación hasta que pude explicarle el motivo de mi risa.

Durante todo el diálogo mi hijo y yo mantuvimos, la conversación no fue otra cosa que mi hijo haciéndome las siguientes preguntas, "¿por qué tenemos que caminar?; estoy cansado de caminar, ¿podemos volver a casa?; ¿cuántos minutos más tenemos que caminar?; no me gusta caminar, ¿por qué tengo que salir a caminar con ustedes?; ¿por qué tú y Nelci no salen solas a caminar?; ¿cuánto falta para el cul-de-sac? A todas estas preguntas, yo respondía con la respuesta adecuada y con cortesía, que, para los oídos de mi mamá, estas respuestas sonaban como una conversación importante entre madre e hijo.

¡Hasta el próximo paseo!

Reuniones del domingo en el parque

Todos los domingos, un grupo de alcohólicos anónimos se reúnen bajo el patio techado del Parque Collier. Este domingo en particular, al llegar al parque, noté un grupo más numeroso del habitual. El pueblo de Ramona, en California, es pequeño. Solamente tiene 20,000 habitantes. Me llamó la atención cuántas personas tienen problemas con las bebidas alcohólicas.

No bebo alcohol por razones filosóficas. A pesar de la racionalización que la sociedad construyó con respecto al concepto de que un vaso de vino ayuda a prevenir coágulos sanguíneos, yo creo que el alcohol no tiene ningún beneficio para la salud. Uno puede beber un vaso de jugo de uvas y recibir los mismos nutrientes excelentes de las uvas sin el alcohol.

Creo que las bebidas alcohólicas destruyen vidas. La persona emborrachada que mata a un inocente deja toda una familia desbastada. La persona emborrachada que muere en un accidente de automovilismo deja una familia devastada. La pareja emborrachada, que le pega a los hijos y a la pareja, deja moretones y huesos rotos; así también como heridas en el alma que nunca se cicatrizan.

Mi padre era un alcohólico funcional; o sea, el tipo que no bebe durante las horas laborales, sin embargo, esta persona no puede dejar de mirar el reloj para ver cuánto falta para la hora del atardecer cuando, según las normas de la sociedad, es normal empezar a beber. Para él, la justificación de beber una botella de vino estaba asociada con la hora de la cena.

Llamo a esas personas alcohólicos secos. Durante el día, tienen mal humor y se irritan por cualquier cosa debido a la falta de etanol en el cuerpo. Luego, a medida que el primer trago penetra las venas, y por un instante, uno ve florecer una personalidad placentera. Esto dura poco porque cuando se bebe la última gota de la botella, aparece esa personalidad agresiva en algunas de estas personas. Otros se tumban y al día siguiente no se acuerdan de una sola palabra que dijeron para ellos mismos o a quien tuvo que aguantar la conversación sin sentido de la persona inebriada.

Con mi padre, no pude saber si era el alcohol lo que causaba la agresividad o el hecho de que él no podía tomar una segunda botella de vino durante la cena porque mi madre lo objetaba, o la sociedad en general lo objetaba, o él hubiera tenido que reconocer que era un alcohólico si osaba beber una segunda botella de vino.

Tuve la fortuna de que él nunca dirigió su ira contra mí. No lo hizo ni con sus puños ni con sus palabras. No obstante, sus acciones hacia mi madre me dejaron cicatrices en mi sistema nervioso al punto de contribuir a que más tarde tuviera ataques de pánico. Era un abusador verbal. Todas las noches le gritaba a mi madre por una hora. Solamente le pegó una vez. Yo ya era lo suficientemente mayor como para advertirle que si lo hacía otra vez, se iba a encontrar con mi ira. Después de todo, fue la idea de mi padre de que yo aprendiera Krav Maga. ¿Se imagina usted tener que caminar sobre cáscaras de huevo todas las noches de su vida, todos los fines de semana y los feriados por temor a que cualquier cosa que usted haga desate la ira?

Nunca sabíamos qué causaría la ira. Un día, mis padres y yo estábamos cenando con mi novio en mi restaurante favorito en Carmel Valley, CA. Mamá había pedido una ensalada con crutones crocantes. Ella la estaba comiendo normalmente, y de repente, el monstruo que mi padre llevaba adentro se apareció en la cena. Le gritó a mi madre diciendo que ella estaba haciendo demasiado ruido cuando masticaba, y golpeó su puño contra la mesa. Era la primera vez que mis padres conocían a mi novio, el hombre que eventualmente se casó conmigo y me dio un hijo.

Ahora sabemos que el alcoholismo es una enfermedad. Al igual que con otras enfermedades, esto quiere decir que la persona alcohólica tiene un marcador genético que la hace más adepta a la dependencia de sustancias químicas. Los avances en el campo de la genética son espectaculares. Deberíamos tomar ventaja de ese progreso y hacer un perfil de ADN en los jóvenes después de que se hacen adultos. Sería fantástico saber si uno tiene que mantenerse alejado de las bebidas alcohólicas de por vida porque la posibilidad de desarrollar dependencia es alta.

Irónicamente, me gusta hacer cuadros de naturaleza muerta y estilo figurativo usando botellas de vino y champagne como parte de la composición de la obra de arte. La belleza del vaso de vino que refleja la luz natural captiva mi atención. Me pregunto sobre el misterio del etanol y las uvas atrapados en la botella. Uvas y etanol juntos han sostenido un poder mágico a través de los siglos. Tienen a tantas personas adictos a ellos.

Cuando pinto, no pienso en el daño que causó a mi alma mi padre alcohólico. Cuando me encuentro cara a cara con la tela, me concentro en la belleza de la paleta que elegí para ese cuadro. El humor sarcástico de la composición, por ejemplo, mis cuadros donde las botellas de vino llevan por etiqueta el nombre de Los intocables que derrotaron a Al Capone durante la Era de la prohibición.

A los que asisten a las reuniones de alcohólicos anónimos, y no toman alcohol, los felicito. A los que parece que no han encontrado la manera de permanecer alejados de las bebidas alcohólicas, les mando, a través de estas líneas, mi fuerza de Bodhisattva para ayudarles a encontrar un propósito y cumplir la meta final de no volver a beber alcohol nunca más.

¡Hasta el próximo paseo!

Sueños interrumpidos

En una de las historias anteriores, le conté sobre mis planes de navegar en solitaria alrededor del mundo. Mi hermano y yo teníamos un mapamundi gigante en nuestro dormitorio, y después de ese encuentro mágico con Eric Valli, comenzamos a leer libros sobre otros navegantes solitarios. En el mapa, marcamos los puertos dónde íbamos a parar.

Hicimos listas de cómo preparar la comida necesaria para el viaje, las rutas a seguir, el mejor tipo de velero, y la lista era finita y larga como pedo de víbora. Juntos pasamos tres años planeando nuestro viaje alrededor del mundo.

En marzo de 1981, cuando salí de la universidad después de la clase, sentí que no podía caminar. Sentí que todo daba vueltas y había perdido la sensación de profundidad. No podía distinguir la distancia del cordón de la vereda, Me agarré de la columna del semáforo. Una compañera de cátedra me acompañó a mi casa. Asustadísima, llamé a mis padres que en esa época vivían a 90 minutos que mi casa.

Mi padre era doctor en química analítica con un conocimiento amplio de medicina. Él sospechó que yo tenía una enfermedad neurológica, y estaba preocupado por la distancia que nos separaba, y el hecho de que un médico debería verme enseguida. Fue así que mis padres llamaron a su amigo Dr. Roberto Viola quien vino enseguida a mi casa e hizo un examen neurológico exhausto. Le dijo a mis padres que el diagnóstico era inconcluso. No pudo encontrar ningún problema fisiológico. No fue hasta el año 1991 que aprendí el nombre de esa cosa terrífica que se adueñaba de mi cuerpo.

Durante los siguientes 7 años después del primer mareo, continué la vida en forma normal, con excepción de las interrupciones que la ansiedad aguda que estaba desarrollando causaban a mi cuerpo. La ansiedad es como una garrapata que se aferra a la piel. Mi ansiedad decidió aferrarse a mi estómago y tuve unas gastritis dolorosas. A pesar de vivir la vida a pleno, siempre estaba la sombra de la duda acerca de cuándo me visitaría el próximo episodio de mareo, y con caprichos propios.

El sueño de navegar en solitaria alrededor del mundo quedó permanentemente interrumpido cuando me dio el segundo episodio de mareo paralizante. Este segundo episodio llegó con toda su furia. Acababa de terminar los exámenes finales, y estaba regresando a mi casa en un autobús. De repente, sentí que el autobús se ponía ruedas para arriba, las manos se plegaban hacia el interior del antebrazo y las piernas no se movían como yo quería. La señora que estaba sentada al lado mío se dio cuenta de que algo malo me estaba sucediendo.

Me preguntó a dónde yo vivía. No estábamos lejos del apartamento que compartía con mi hermano. Ella le pidió al chofer del autobús que parara justo frente al departamento.

Tocó el timbre y mi hermano bajó apurado por las escaleras. Cuando me vio, me puso en un taxi y salimos de urgencia hacia el Hospital Alemán. Mi hermano estaba estudiando bioquímica, y al igual que mi padre, tenía un amplio conocimiento de medicina.

El doctor hizo muchas preguntas sobre mi estilo de vida. Mi hermano le explicó que yo trataba a mi cuerpo como si fuera un templo desde que tenía 18 años de edad, y que acababa de dar mis exámenes finales. Entonces, él nos dijo que lo que sufrí había sido causado por el estrés. Nos mandó a casa con una benzodiazepina para tomar en caso de que tuviera otro de estos episodios.

Fue terrible para mí, mi hermano y el taxista, a quien mi hermano le pidió que manejara lo más rápido que pudiera, como si fuera una ambulancia. No recuerdo mucho acerca del momento en que subimos al taxi y llegamos al hospital. Me acuerdo de estar acostada en el asiento de atrás del taxi con la cabeza sobre las piernas de mi hermano mientras que el me sostenía las manos que se seguían doblando hacia el antebrazo. Yo temblaba de pies a cabeza. Había perdido todo sentido de profundidad, al igual que sucedió en el año 1981. Pensé que me había envenenado por accidente.

Si bien supe en ese momento que no podría navegar en solitaria alrededor del mundo, estaba determinada a continuar mi vida a todo trapo. No iba a dejar que este inconveniente me arruinara todos mis planes. Sin embargo, cada vez que había un cambio significativo en mi vida, los episodios se repetían.

La próxima ola gigante de ataques se produjo cuando conocí al hombre que ahora es mi exmarido y nos mudamos juntos. Los expertos dicen que una de las cosas que causan mucho estrés es la mudanza. ¡Bingo!

En el medio de uno de estos ataques terminamos en la sala de emergencia del Centro Médico de la Universidad de California de San Diego, y tuvimos la suerte absoluta de conocer a una estudiante de medicina que nos dijo que ella había visto otros pacientes con estos síntomas y que los médicos les habían puesto el nombre de ataques de pánico.

Pasaron 10 años desde el primer episodio hasta el momento de tener un nombre para esta cosa loca que se adueñaba de mi cuerpo. Aprendí que saber el nombre de una enfermedad es como agarrar un salvavidas que le tiran a uno cuando nos encontramos flotando en el medio del océano. La estudiante nos refirió a un médico de medicina alternativa que vivía en la ciudad de Chula Vista, California, Dr. John Pullen, quien había diseñado una serie de ejercicios mentales para mantener los ataques de pánico alejados. Él se convirtió en mi doctor milagroso, y es gracias a él y su programa que yo pude dar a luz a mi hermoso hijo varios años más tarde.

¡Hasta el próximo paseo!

La oligarchía de la medicina

*** Los siguientes párrafos son mi opinión solamente. Esta historia no constituye un consejo médico en ninguna forma o manera, ni tampoco le estoy diciendo que tire las pastillas por el inodoro. Ésta es mi opinión, y mi estilo de vida.***

La industria farmacéutica y la longevidad son dicotomías. En el momento en que usted comienza a tomar píldoras fabricadas por la industria farmacéutica, usted puede despedirse del sueño de la longevidad. La industria farmacéutica está en el negocio de asegurarse de que usted continúa estando enfermo con una cosa u otra. ¿Cómo cree que hacen los miles de millones de dólares?

Por ejemplo, si usted se la pasa tomando ibuprofeno para los dolores de cabeza, u otros dolores, usted está creando una porosidad en su pared intestinal. Eso quiere decir que las moléculas de proteína y lípidos pasan del intestino al corriente sanguíneo. Esto eleva los triglicéridos para lo cual el médico le dirá que tiene que tomar estatinas, que a la vez causan otro manojo de problemas. La lista de este dominó de la industria farmacéutica es larga.

Soy consciente de que algunos medicamentos, como los antibióticos y las vacunas, salvan vidas. Yo los uso cuando es necesario y apropiado. No estoy en contra de los avances médicos, o productos medicinales. Solamente me cuestiono esa necesidad de tomar píldoras para cualquier achaque del cuerpo. Muchos de estos malestares se pueden solucionar con un cambio de plan alimenticio y estilo de vida.

La medicina endobiogénica y otras formas de medicina alternativa tratan al cuerpo como un todo, en lugar de una suma de partes. Esto quiere decir que, si usted tiene dolor de cabeza, usted no tomará una píldora para el dolor de cabeza y a olvidarse del resto. Se hará un examen completo de todo su cuerpo y estilo de vida para descubrir el origen del dolor de cabeza.

Desafortunadamente, los seguros médicos no quieren cubrir este tipo de tratamientos a pesar de que hay suficiente documentación que prueba que son beneficiosos para la salud, aumentan la productividad laboral porque los trabajadores pasan menos tiempo enfermos, etc., etc.

Los practicantes de naturopatía y medicina endobiogénica cobran mucho dinero. Hace bastante tiempo que vengo pensando sobre la oligarquía de la medicina. La consulta puede costar entre US$90 y US$600+. Obviamente, éste es un servicio para los pocos que lo pueden pagar.

Entiendo que estas personas deben ganar dinero para pagar cuentas y llevar una vida plena. Creo que quienes cobran más de US$200 por visita practican la intención equivocada. La intención correcta es estudiar medicina o disciplinas relacionadas a la medicina para ayudar a otros seres vivientes a vivir con la mejor salud que puedan. Al tratar de enriquecerse financieramente en el proceso de asistir a otros, estos individuos crean una oligarquía de la profesión, y practican la intención incorrecta.

Si estos individuos quieren disfrutar de una vida de lujos, deberían haber estudiado carreras como administración de negocios u otra profesión que les ayudara a vivir una vida de lujo. Cuando se trata de las disciplinas relacionadas con el mejoramiento de la salud de otros seres vivos, la compasión debe ser un punto serio de consideración; aun cuando eso significa llevar una vida más austera.

¡Hasta el próximo paseo!

Voluntad

Voluntad como la facultad de una persona para tomar decisiones e iniciar una acción determinada.

Albert Einstein una vez dijo que "hay una fuerza que es más poderosa que el vapor, la electricidad y la energía atómica. Se llama fuerza de voluntad".

¿Nacemos con esa fuerza de voluntad? ¿La adquirimos en las escuelas o a través de la guía de mentores? ¿Por qué es que algunas personas no pueden sacar el culo del sillón aun cuando se les ofrece un compás e instrucciones detalladas sobre cómo funciona la fuerza de voluntad?

Me consume toda mi paciencia de budista el ver a alguien con potencial que no tiene la voluntad de poner el mínimo esfuerzo para moverse del punto A hacia adelante para lograr más cosas productivas en la vida. Lo que quiero decir con la expresión lograr cosas más productivas en la vida, es hacer cosas que no generan fricción a uno mismo, a los otros o al medio ambiente.

Ahora, es posible que usted comienze a pensar en la definición de éxito. Eso será el tema de otro paseo.

¡Hasta el próximo paseo!

Número 3

Noté que en los Estados Unidos de América, cuando una persona quiere ser gentil al hablar de temas relacionados con la actividad que uno hace en el baño, usan la frase Número 1 para referirse al despojo líquido y Número 2 para referirse al despojo sólido.

También noté que aquí se tiran pedos sin ningún escrúpulo ni aviso previo, y a menudo quieren tapar el sonido del pedo con una tos. El problema es que no pueden tapar el olor horrible que generalmente acompaña las flatulencias.

Me pregunto por qué nadie dice Número 3 antes de que llegue el olor fétido, pútrido, nocivo y asqueroso del pedo. Un aviso previo le da a la persona que está junto al que se está por tirar un pedo la oportunidad de taparse la nariz y alejarse.

Por lo menos, en el pico de la pandemia, la gente usaba mascarillas.

¡Hasta el próximo paseo!

Canas

Decidí que ya no me teñiré el cabello para tapar las canas blancas. Solía teñirme las raíces cuando me empezaron a aparecer las primeras canas. Mi padre tenía la cabellera completamente blanca para cuando cumplió los 40 años. Yo he salido a él.

Tengo tres enfermedades autoinmunes y me preocupa el hecho de poner productos químicos en mi cuero cabelludo. La decisión no tiene nada que ver con esta nueva moda que apareció durante la pandemia. Tiene que ver con un rechazo de productos químicos a nivel de piel.

El año pasado, el periódico británico The Guardian hizo una entrevista a la actriz Sofia Loren y ella dijo "el cuerpo cambia. La mente siempre permanece igual". Esta frase me recordó el hecho de que todos tenemos que aceptar el proceso del envejecimiento; sin embargo, el envejecimiento físico no necesariamente implica envejecimiento del alma.

Me miro al espejo y veo a una mujer sin arrugas, raíces blancas de cuatro centímetros, y una mente única y hermosa. Por dentro, me siento 20 años más joven de la edad que figura en papel.

Mi abuela era adamante sobre la cultivación de la mente para prepararnos para el momento del envejecimiento. Ella cultivó mi cerebro para que yo me convirtiera en la persona intelectual y erudita que soy hoy.

Es mejor ser una mujer sabia, con o sin canas blancas, que ser una estúpida con cabello teñido.

¡Hasta el próximo paseo!

Queremos hablar con usted

Varias veces por semana, los perros y yo caminamos muchos quilómetros. Elaine, la enfermera que trabaja con uno de mis médicos, me dijo que camine de manera tal que no pueda tener una conversación si tuviera a otra persona caminando a mi lado.

El siguiente diálogo tuvo lugar entre mis perros durante uno de esos paseos que yo me sentía con mucha energía y caminaba más rápido de lo habitual. Los perros que estaban conmigo era Juliette, una Golden Retriever de 16 meses de edad, su mamá Nena, una Golden Retriever de 4 años de edad que es mi perra de servicio, y Jolie, una ovejera alemana de 9 meses de edad.

Juliette: ¿Por qué caminamos tan rápido?

Jolie: Porque esa tipa, como sea que se llame, ¡dijo eso!

Nena: Se llama Elaine. Yo estaba presente cuando le dijo a Ceci que caminara lo más rápido que pudiera. Estaban hablando sobre el hecho de que las personas que caminan rápido y mucho viven hasta pasar los 100 años. Esa es la meta de Ceci. Yo soy más vieja que ustedes dos. Si yo le puedo seguir el paso, ustedes también.

Juliette: Bueno, tú eres su perra de servicio así que no es que tienes otra opción. Yo podría quedarme en el canil y luego correr todo el día por el jardín

Jolie: Espero que la señora a quien serviré no haga caminatas rápidas.

Juliette: ¡Hola! Tú vivirás en Maui durante la mitad del año, chica. ¿Qué crees tú que hace la gente allí? ¡Caminan todo el día por la playa!

Jolie: Dile a tu mamá que le avise a Ceci que se está por enfermar.

Juliette: Mi mamá nunca haría eso.

Jolie: Entonces, hazlo tú. Tú sabes cómo se hace.

Juliette: Ceci solamente escucha a mi mamá. Además, no es honorable. ¿Por qué no lo haces tú?

Jolie: Por supuesto que no. Soy una ovejera alemana y tenemos reputación por exactitud y lealtad.

Juliette: ¿Ah sí? ¿Y por qué crees que un Golden Retriever hará tus estúpidas ideas de hacer un positivo falso?

Nena: ¡Silencio, chicas! Ponerse a discutir sobre estas caminatas no va a cambiar el ritmo de Ceci. Se están perdiendo la belleza del paisaje, y los nuevos olores que aparecieron con la lluvia de ayer.

Jolie: La próxima vez que tú y Ceci vean a Elaine, dile que el resto de los perros quieren hablar con ella.

¡Hasta el próximo paseo!

Dinero gratuito

Un vehículo blindado estaba viajando hacia el Norte por la autopista 5 en California cuando de repente se le abrió la puerta trasera y bolsas de dinero comenzaron a desparramarse por la autopista.

Todos los billetes eran verdes, sin embargo, uno no sabe de dónde vienen. Algunos de esos billetes pudieron haber sido ganados en forma honrada y siguiendo un compás ético. Otros pudieron haber sido pasados de mano en mano por individuos sin escrúpulos que hacen dinero explotando a la gente, ya sea a través de la esclavitud, adicción a drogas o cualquiera de los otros vicios que la humanidad viene combatiendo desde hace siglos.

La autopista se convirtió en una playa de estacionamiento. Los vehículos no se movían. La gente corría detrás de los billetes mientras que se filmaban haciendo eso con sus teléfonos celulares. Después, tenían el coraje, o la estupidez, de montar esos videos en los medios sociales.

Quedé deslumbrada con el espectáculo de estupidez de las masas. Hubiera querido preguntar a alguna de esas personas que pensaban que sucedería luego.

¿Creían que podían caminar con el dinero robado en una de las tiendas caras y comenzar a pagar con dinero robado cuyo número de serie ya estaba en manos de las autoridades federales? Para los que montaron las imágenes en los medios sociales, creo que se perdieron de leer el capítulo de cómo robar un banco sin decir nada a nadie.

No creo en el dinero gratuito. Siempre trabajé para obtener mi dinero. Cuando estaba embarazada, atendí un seminario organizado por los Motley Fools – Los hermanos Gardner. Lo primero que aprendí fue "deje de jugar a la lotería e invierta esos dólares en una cuenta que le rinda interés".

No hace mucho, leí el libro titulado La psicología del dinero. La primera oración del libro es "no juegue a la lotería".

¡Hasta el próximo paseo!

Pollos "ellos"

Hablando de dinero gratuito y fácil, me acordé de un evento que sucedió mientras vivía en el Estado de Virginia.

Un día, un vecino joven, de 21 años de edad, vino a mi casa a decirme que le tenía que pagar $150 dólares porque mis perros le habían roto el gallinero y matado a los pollos "ellos".

Me quedé devastada de que mi gran danés llamado Pirata y su mejor amiga, una ovejera australiana llamada Brandy, hubieran hecho una travesura tan terrible. Le pedí muchas disculpas a este joven, y le pregunté cuántos pollos "ellos" habían muerto. Me dijo dos.

Como yo no sabía qué clase de pollos eran los pollos "ellos", y el precio me pareció bastante caro, le dije que iba a investigar y ayudarle a arreglar los daños.

Me metí en el Google para buscar qué clase de pollos eras estos pollos "ellos" y lo único que pude ver fueron fotos de pollos regulares.

Entonces, llamé a mi amigo Ernie que sabe de muchas cosas y estaba segura que me podría guiar en la dirección correcta.

Primero se largó a reír a carcajadas y no lo interrumpí porque pensé que se estaba riendo de la travesura que habían hecho mis perros. Luego, él puso tono de maestro y me dijo "Ceci, así es como habla la gente del sur de los Estados Unidos. Llaman a todo "ellos". Pollos "ellos", perros "ellos", cualquier cosa "ellos". Tus perros mataron dos pollos comunes que tú puedes comprar en el Tractor Supply por poco dinero".

Por supuesto, luego fui yo quien se largó a reír a carcajadas. Fui al Tractor Supply, compré dos pollos "ellos" y arreglé el problema con unos pocos pesos.

Los dos aprendimos una lección: la mía fue sobre el vocabulario típico de la zona, y la de este joven fue no tratar de sacar ventaja de mi ignorancia.

¡Hasta el próximo paseo!

La otra mitad después del divorcio

Durante el segundo año de la pandemia, dos amigos me dieron la noticia de que se divorciaban. Uno con dos hijos pequeños, y la otra sin hijos. Los dos me dijeron "nos gustaría tener una relación con nuestros ex- como la que tú tienes con el tuyo".

Antes de entrar en el asunto serio de los divorcios, les sugiero unas películas que le ayudarán a pasar las noches: 1) Alguien tiene que ceder con Jack Nicholson, Diane Keaton, Keanu Reeves y otros artistas excelentes; 2) Es complicado con la inigualable Meryl Streep, Steve Martin, y Alec Baldwin; y 3) La guerra de los Roses con Michael Douglas, Kathleen Turner y Danny DeVito.

Sin importar la cantidad de tiempo que duró su matrimonio, hay una mitad suya que se amalgamó a la mitad de la otra persona. Esa fusión se produce sin que nosotros seamos conscientes. Es parte de los compromisos diarios que hacemos cuando nos enamoramos. Cambiamos un poquito nuestra rutina y la otra persona cambia un poquito su rutina.

Cuando el divorcio de hace realidad y usted se encuentra sin la otra persona a su lado, usted debe convertirse otra vez en un todo. Es muy importante que se tome su tiempo para volver a encontrar esa mitad suya que con el tiempo quedó fusionada a la otra persona. Mientras que usted descubre esa mitad perdida y trata de volver a ser una persona integral, usted debe hacer la paz con el hecho de que el divorcio es real. Su matrimonio terminó. Usted ahora se debe arreglar por sus propios medios. Le llevará unos seis o más meses descubrir la mitad suya que se había fusionado con la otra persona.

Fíjese que usé la palabra "debe" en el párrafo anterior. Tal vez se pregunte quien carajo soy yo para decirle lo que debe hacer. Es debido a que estas dos cosas, el hecho de volver a ser una persona integral, y hacer la paz con la realidad del divorcio, son esenciales si usted quiere continuar una relación civilizada con su ex.

Tal vez usted se tuvo que divorciar porque su ex le metía los cuernos, o porque su marido le dijo que su amigo le daba más placer que usted, o porque la delicada tela del enamoramiento y la sensualidad que sostienen a un matrimonio se perdió y ahora viven como compañeros de casa. Si usted tiene hijos, debe pensar en ellos primero y poner a un lado su enojo y deseo de venganza.

Algunos divorcios duran años porque una o las dos partes quieren más y más. La ira consume las vidas de los esposos que pelean, y arruina las vidas de los hijos. Me acuerdo del caso del divorcio de Betty Broderick.

Si usted, el lector de este libro, es la persona que quiere mantener una relación amistosa con su ex, entonces usted debe aprender a elegir qué batallas valen la pena pelear. La batalla por el dinero no vale la pena. Asegurarse de que su ex respeta el horario de visita con los hijos, esa batalla vale la pena.

Como Zen budista, creo en el poder de la mente. Somos lo que pensamos. Si usted pasa todo el día pensando que su ex es una persona horrible, usted atraerá energía negativa y no podrá continuar con una vida productiva.

Al final, quién sabe lo que es bueno y lo que es malo. Tal vez, usted descubrió que el divorcio es lo mejor que le pudo pasar porque usted floreció en una carrera nueva o encontró el amor de su vida, etc.

Todo en la vida tiene un principio y un final. Usted puede imaginar este concepto como si fuera un círculo. No podemos decidir el diámetro del círculo; o sea, no podemos decir que su matrimonio durará 50 años y que ese círculo tendrá un diámetro grande, o que el empleo en su profesión actual durará solamente meses, con un diámetro de círculo pequeño porque usted descubrió una profesión nueva que es más interesante. A pesar de esto, la persona sabia acepta el final del círculo y no lucha para tratar de mantener algo que ha llegado a su final natural.

Cuando usted llega al final del círculo del matrimonio, usted puede pensar en un nuevo círculo de amistad. Piense en el nuevo círculo de amistad que usted puede empezar con su ex. La ira, el resentimiento, los celos, y compararse usted con la nueva pareja de su ex son emociones insalubres que mantienen a usted en estado de estancamiento. En las aguas estancadas crecen olores de pudrición.

El agua que fluye trae sensación de frescura, nuevas ramitas y nuevas hojas.

¡Hasta el próximo paseo!

Don Agustín y el Gato Bafico-Rojas

Cuando tenía 18 años, estaba en el yacht club con Don Agustín Suarez y El Gato Bafico-Rojas. El Gato estaba super contento porque se había comprado un velero microtoner que lo bautizó con el nombre de Uno. Don Agustín le preguntó por qué había bautizado el velero con el nombre Uno. El Gato le dijo que era porque él iba a ganar todas las regatas.

Don Agustín le preguntó quién iba a ser el timonel, y El Gato apuntó el dedo hacia mí y le dijo "talento y belleza, ella es mi timonel". Le pregunté al Gato si podía traer a mi amigo Archi como parte de la tripulación. Archi y yo hacía años que navegábamos juntos en su barco Kenyenkon. El Gato dijo que si, y el Uno tenía la tripulación lista.

Tuve el enorme placer de ser el primer timonel del Uno y ganar la regata. Fue la Buenos Aires-Riachuelo-Buenos.

Don Agustín y Archi también tripulaban un Frers 44 llamado Soleil, y yo quería ser parte de esa tripulación a toda costa. Después de ganar la primera pierna de la regata, le pregunté a Don Agustín si podría hablar con el dueño del Soleil (Mataco Tossi) para preguntarle si yo podía ser parte de la tripulación. Don Agustín dijo que yo necesitaba demostrar primero mis artes culinarios de abordo esa noche antes de que él decidiera si iba a hablar con Mataco.

La cena estuvo deliciosa y dos semanas más tarde yo estaba a bordo del Soleil. Mataco puso una sola condición: yo tenía que usar un bikini con una estampa del sol. Encontré el bikini y se convirtió en mi uniforme durante ese verano.

Mientras que caminaba hoy con los perros, un relámpago de cientos de memorias me vino a la mente sobre mis días a bordo del Soleil. La primera regata que hicimos al extranjero, pasamos la noche en puerto. Mis amigos, Archi y Eduardo, querían hacer una broma a Don Agustín. Mientras todos dormíamos, ellos pusieron los calzones de Don Agustín colgando del borde mi cucheta, como si él me hubiera visitado durante la noche. Lo cómico es que él era 40 años mayor que yo. Todos lo mirábamos como si fuera nuestro abuelo.

La regata Buenos Aires-Sauce-Buenos Aires, y los muchachos que me pidieron que me subiera al mástil para mirar una cosa de la cruceta. Como yo era la más liviana de la tripulación, me iban a izar a la altura de la cruceta. Años más tarde, me enteré que fue un truco para que Martin B. sacará fotos de mí.

Recuerdo la tarde antes de la regata a Florianópolis cuando Archi, Eduardo y yo atamos los violines de todas las cuchetas para que el Mataco no pudiera dormir en ninguna sin tener que deshacer nudo por nudo.

Cuando pasé horas tratando de bajar la fiebre de Juan José M mientras estábamos en Puerto Sauce, y tener que escuchar lar cargadas de toda la tripulación.

Yo era joven y virgen. Por la noche, escuchaba a los muchachos hablar de chicas. Ellos pensaban que yo estaba dormida, sin embargo, yo tenía las antenas a la escucha. Luego, iba y le preguntaba a mi mamá "¿qué quiere decir esto y aquello? Ella siempre me decía "¡¿Ceci, donde escuchaste eso?!

Eduardo tenía un cartel a la entrada de la cabina de su velero que decía "Al ped is reempujaris quand pichilus cortus est". Le pregunté qué quería decir. Me dijo que era latín y que un día me iba a dar cuenta del significado. ¡Lo entendí! Cuatro años más tarde.

Pasé cuatro años navegando en el Soleil. Fue el último velero en el que corrí regatas. Otra vez, llegó el momento para mí de cambiar de campo.

Don Agustín lamentablemente ya falleció. En el momento de escribir este libro, El Gato tiene 83 años, y todavía me recuerda como "talento y belleza".

¡Hasta el próximo paseo!

Viernes polvoriento

Todos los viernes, en el parque que queda en frente de mi casa, el cuidador pasa la máquina que empareja la tierra. Parece que sus obligaciones están en un plan fijo porque todas las semanas es la misma rutina.

Hoy, sopla un viento de 45 mph, y el guardaparques está pasando la maldita máquina.

Mi mente se preguntaba sobre el pensamiento crítico de este hombre. La libertad de tomar decisiones según las condiciones actuales en lugar de ser un autómata de dos patas que sigue una rutina que hoy no tiene mucho sentido.

¡Hasta el próximo paseo!

Impermanencia

El maestro Zen Thich Nhat Hanh falleció el 22 de enero de 2022, y me hizo acordar otra vez sobre la impermanencia de los seres vivos. Aunque físicamente él ya no está con nosotros en este mundo, nos dejó un legajo muy rico de enseñanzas a través de sus escrituras y los monasterios Zen que fundó en todo el mundo.

Estoy plenamente consciente de la impermanencia de los seres vivos y, como Zen budista, también creo en la reencarnación. Como miembros participantes de la sociedad, tenemos una obligación de contribuir de maneras productivas hacia el mejoramiento de todos los seres vivos. Algunos individuos dejan un legado en libros, otros en música, pinturas u otras formas de arte, y descubrimientos en áreas de ciencia y tecnología que cambian la vida.

Levanto mi iPhone y pienso en el legado que nos dejó Steve Jobs. Puedo leer el libro de Frankl titulado "El hombre en busca de sentido" una y otra vez. Escucho el Bolero de Ravel a todo volumen y siento su obsesión con la repetición, lo cual desafortunadamente era una indicación del comienzo de su enfermedad de Alzheimer.

También soy consciente de los que me dejaron un gran legado a pesar de que no escribieron un libro o inventaron algo relacionado con la ciencia y la tecnología, o compusieron una pieza de música. Lo hicieron con las enseñanzas personales que con paciencia y amor me fueron guiando a una vida exitosa.

Quiero reconocer a algunas de esas personas: Mi abuela paterna, Magdalena, a quien le debo la mujer que soy ahora; Nick Lore a quien le debo una de mis carreras profesionales; mi tía Ivonne "Monona" Regini de De Pablo quien fue mi modelo absoluto de lo que una mujer de negocios puede lograr, y como ella me diría…"Ceci, avanti. Sempre avanti"; y mi ovejero alemán Maximus von der Grafschaft Mark quien me inspiró a fundar mi escuela canina y equina, Meridus K9 & Equine, LLC.

Le lego a mi hijo y a otros una colección de cuadros de bellas artes, una colección de escrituras, mascotas y perros de servicio bien adiestrados, y horas de enseñanzas de budismo Zen, estoicismo y defensa cibernética.

¿Qué legado deja usted en este mundo cuando su cuerpo ya no esté físicamente presente?

¡Hasta el próximo paseo!

Éxito

Algunas personas definen el éxito en relación directa con el dinero que ganan.

Yo lo defino en relación directa con el cumplimiento de mis metas a nivel profesional y personal. También soy consciente de que controlamos el 90% de lo que hacemos. Sin embargo, existe un 10% travieso en donde no tenemos control y nos puede frenar el éxito en ciertas áreas.

¿Hubiera triunfado en navegar en solitario alrededor del mundo? No. Los ataques de pánico me ganaron en esa meta. ¿Terminé de mal humor y sintiéndome una víctima de mi propio sistema nervioso tipo chatarra? No. Continué mi vida felizmente y con miras en otra meta o desafío que estuviera a la par de mis capacidades.

Para los que definen el éxito como una relación directa con el dinero, ¿tiene usted un punto final? Por ejemplo, ¿es un millón suficiente o usted quiere mil millones? Cuando leí el libro titulado La psicología del dinero escrito por Morgan Housel, aprendí sobre el concepto de "suficiente" del cual algunos individuos carecen. El autor presenta algunos ejemplos de individuos que eran ricos y con fortuna en el momento en que decidieron cometer un crimen, como pirámides de Ponzi o cambio de acciones de la propia empresa después de haber atendido una reunión de la junta directiva.

La falta del concepto de suficiente también se puede aplicar a otras disciplinas donde el individuo anda detrás del éxito a todo costo, sin embargo, parece que el pináculo de la gloria nunca se alcanza. Por ejemplo, la persona que va al gimnasio todos los días de la semana, y continúa diciendo que los músculos no son lo suficientemente grandes; aun cuando en los ojos del observador esos músculos son gigantes.

Me parece que a fin de tener una medida saludable de lo que es el éxito, uno debe primero evaluar el comprendimiento del concepto de suficiente. Es importante crear un parámetro saludable y razonable de lo que el concepto de suficiente es dadas las condiciones en las que nos encontramos.

Yo defino éxito en relación directa con mis logros profesionales y personales con un punto final saludable y razonable de lo que es suficiente que se correlaciona con mis habilidades físicas e intelectuales para cumplir con las metas deseadas. Si en el proceso hago más dinero de lo que necesito para llevar una vida cómoda, mejor todavía. Sin embargo, en todos mi emprendimientos y actividades, el hecho de hacer dinero nunca ha sido mi meta final.

¡Hasta el próximo paseo!

Consejo no acatado

La frustración se trepa por las venas cuando usted sabe que su consejo tiene sentido y es la mejor opción para la persona a quien usted sugiere el consejo, pero esa persona no lo acata. Por razones de ser cabeza dura, tener el síndrome de mente cerrada o simple rebeldía, la persona persiste en hacer cosas de manera que son detrimentos para el bienestar de esa persona, el medio ambiente u otros.

Tengo amigos cuyos padres tienen más de 80 años. Los padres se niegan a hacer lo que mis amigos les sugieren. Uno de mis amigos estaba compungido porque su padre hacía lo que se le daba la gana en lugar de seguir el plan que mi amigo había elaborado para el padre: pastillas en un porta pastillas así el padre sabía cuándo y qué tomar, un asistente para las compras, limpieza y asegurarse de que el padre tomara las píldoras.

Tengo un hijo maravilloso a quien le doy consejos de cómo comer más saludablemente, dormir más horas, y leer más. Sentí que tal vez la manera en que me comunicaba con él podría ser la razón que él ignoraba mis consejos. Cambié la manera de comunicación imitando las técnicas de marketing que son buenas para convencernos de comprar cosas que no necesitamos. ¡Tampoco funcionó!

Entonces me di cuenta que el consejo es como un regalo: una vez que lo damos, ya no somos dueños de él, y la persona que lo recibe tiene el derecho de hacer con el regalo lo que se le da la gana. Estoy segura que usted ha estado en una situación donde pasa horas pensando en el regalo perfecto, y probablemente gastó mucho dinero, sin embargo, la persona que recibe ese regalo no tiene mucho interés en él.

Tampoco me gusta repetir las cosas como un disco rayado. Si usted me dice que tiene un problema, yo le ofrezco si quiere escuchar ideas de solución. Usted dice que sí y usa mi valioso tiempo. Luego, usted no sigue el plan porque ese plan requiere cambios y los cambios son difíciles de hacer. Luego, no me venga a llorar otra vez con el mismo problema. Yo ya le di la solución. ¿Qué cree que le diré? ¿Un resultado diferente mientras que hace lo mismo? Albert Einstein dijo que eso es la definición de la locura.

¡Hasta el próximo paseo!

Arrepentimientos

No tengo ninguno. Cada decisión que tomé y opción que elegí lo hice con el mejor de mis conocimientos, habilidades y herramientas que tenía a mano en ese momento.

Uno no puede probar un negativo. No puedo decir que, si hubiera hecho D en lugar de A o B, el resultado hubiera sido diferente porque no puedo deshacer el pasado, rebobinar la situación como si fuera una película, y cambiar una de las variables para ver si el resultado hubiera sido diferente en forma más o menos favorable. Así, siguiendo mi filosofía budista de vida, no tiene sentido en regurgitar el pasado y crear emociones sobre cosas que ya pasaron. Cuando pienso sobre el pasado, es para describir lo que pasó, como lo hago en algunas de las historias de este libro, o para crear un escenario de lección aprendida para asegurar que la decisión que tome en el presente tenga un resultado más favorable.

¿Vio la película Bajo el sol de la toscana? Francesca corre a la ciudad de Positano para sorprender a Marcelo. Lo encuentra con otra mujer. Lo mismo me pasó a mí. En esa época, no existían los teléfonos celulares. Hoy, gracias a esos teléfonos, podemos hablar con la persona que queremos ver sin importar dónde esa persona se encuentra. La lección que aprendí es que las sorpresas son peligrosas. Es mejor hablar por teléfono con la persona que queremos visitar antes de aparecernos sin invitación previa.

Una de mis canciones favoritas la escribió Charles Gastón Dumont y Michel Jacques Pierre Vaucaire para la cantante francesa Edih Piaf. La canción dice "no, nada de nada. No, no me arrepiento de nada. [...] Ni de lo malo, todo me viene igual. [...] Está pagado, barrido, olvidado. No me importa el pasado".

Recuerdo las experiencias pasadas - las buenas, las malas y las horribles – sin emoción de arrepentimiento o rabia o tristeza. Paso esas memorias por mi mente con el lema de "lo que fue, fue; lo que es, es".

Sería imposible vivir una vida plena si uno acarrea un ancla de arrepentimientos pesado atado a la cintura. El concepto de lección aprendida parece ser más beneficioso para ayudar a no repetir una situación pasada en la que el resultado no fue lo más deseado cuando observamos esa situación otra vez años más tarde.

Gracias a las enseñanzas de Buda y mi abuela, mis decisiones pasaron por una serie de chequeos: legal, ética, moral para los estándares de la civilización occidental, intención correcta, comprensión correcta, y manera de vivir correcta. ¿Tengo las herramientas necesarias (dinero, tiempo, habilidad y medio ambiente) para asegurar el éxito de la decisión u opción?

Si las herramientas necesarias no están presentes y la decisión debe ser tomada, ¿cómo puedo combinar los recursos para obtener el mejor resultado dadas las herramientas y condiciones presentes?

Una vez que el plan queda establecido y ejecutado, es como el agua que fluye por un río: usted no puede forzarla a que regrese y vuelva a fluir otra vez. Siente paz mental porque sabe que hizo el esfuerzo apropiado para tomar la mejor decisión o elegir la mejor opción dadas las circunstancias.

El tema del arrepentimiento es importante porque conozco a muchas personas que caminan por el presente llenos de arrepentimientos. Cuando decidí escribir estas historias, mi esperanza fue que podría ayudar a usted a adoptar una filosofía de vida que le permita descargar los pesos del pasado. Algunas de las historias son divertidas, y otras, como ésta, le harán poner el libro a un lado por un momento y reflexionar sobre lo que acaba de leer.

¿Anda acarreando usted con arrepentimientos? ¿Puede desconstruirlos? Lo que quiero decir es que usted dice de lo que se arrepiente primero. Luego, tiene que hacer una lista de las condiciones que le rodeaban en el momento que usted tomó la decisión de la cual hoy se arrepiente. Luego, necesita encontrar cuál es la variable que usted hubiera tenido que saber con anticipación para haber tomado una decisión diferente. Ésta es la variable que le pesa en la mente. Usted se encuentra repitiendo la frase "si hubiera tenido" o "si hubiera sabido".

Vuelva a leer el párrafo anterior donde conté que me aparecí de sorpresa en la casa del hombre con quién pensé que tenía una relación seria y lo encontré con otra mujer. Quedé sorprendida. Dije algunas palabrotas y seguí adelante con mi vida. ¿Me sentí triste, engañada, humillada y usada? Si, por supuesto. ¿Duraron esos sentimientos más del tiempo que me llevó llegar a mi casa? No. Fue como el pensamiento que entra en la mente cuando meditamos: lo reconocemos, y volvemos a concentrarnos en la sensación de la respiración.

¡Hasta el próximo paseo!

Cooper se fue

Compré mi Mini Cooper verde en mayo de 2004. Fue uno de los primeros importados en los Estados Unidos de América. Lo bauticé con la chapa ALOSP2, lo cual se lee "a los pedos". Es una expresión argentina que la gente usa todo el tiempo cuando está super ocupada y haciendo cosas muy rápido, una tarea detrás de la otra, sin tiempo para poder mirarse al espejo.

Cuando compré el Mini Cooper, estaba dando clases en una de las agencias de tres letras de San Diego, y uno de mis estudiantes, Jake, me preguntó si podía manejar mi Cooper. Le dije que sí, sin saber que Jake tenía reputación de ser medio loco al volante. Puso a Cooper en la autopista 15 hacia el norte y lo próximo que sé es que íbamos a 120 millas por hora. Pensé, "bueno, si nos para la policía, él es que tiene las credenciales federales y está al volante".

En enero de 2005, me mudé a Virginia y el Cooper fue conmigo. Después de unos pocos meses de vivir en la ciudad, me sentía como una gata en una caja, entonces, compré una propiedad de 4 hectáreas en la ciudad de Fredericksburg, Virginia, y Cooper y yo estábamos felices de andar por el campo.

En Virginia, uno necesita tener tres personas en el vehículo para poder manejar en la línea rápida de la autopista. Hay playas de estacionamiento con las famosas "filas de gusanos", o sea, la gente se para en fila esperando al próximo vehículo que los lleve a la ciudad. Como uno generalmente pasa por esa "fila de gusanos" a la misma hora todos los días, es normal que las mismas personas se suban al auto de uno. Sin embargo, un día un hombre super gordo estaba primero en la fila. Traté de explicarle con delicadeza que no creía que él iba a entrar en el asiento de atrás del Cooper. Insistió y salimos manejando por la autopista y el Cooper haciendo wheelies porque realmente yo sentía que las ruedas delanteras en cualquier momento se iban a despegar de la carretera.

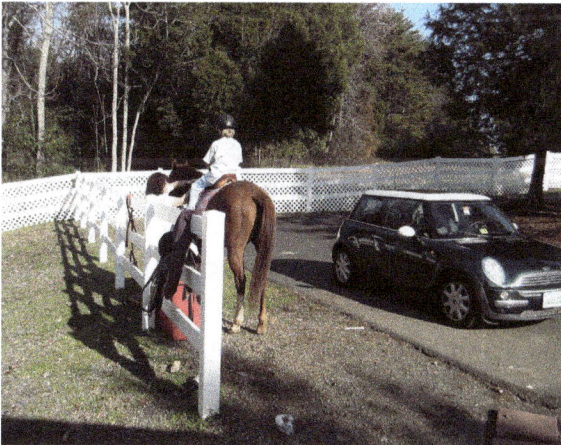

Pirata, mi Gran Danes, disfrutaba de viajar en el asiento de adelante. En los días de clima agradable, yo habría el techo del Cooper y cuando paraba en los semáforos, Pirata sacaba la cabeza por el techo como si fuera un telescopio. Un día, yo estaba en fila en el supermercado y dos señoras estaban conversando en frente mío. Una le dijo a la otra, "¡no creerás lo que vi ayer! ¡Una mujer en su Mini Cooper con un Gran Danes gigante sacando la cabeza por el techo!" La otra mujer se largó a reír. Sentí la obligación de tocarle el hombro y comentarle que yo era la señora del Cooper. Lo divertido es que ella me reconoció porque el día anterior la saludé cuando ella nos miraba con esa cara que la gente pone cuando no está segura si está soñando o lo que ve es realidad.

Cuando mi hijo tenía 10 años, quería manejar el Cooper. Puse al caballo, los perros y los gatos fuera de la primera parte de la propiedad como medida de precaución. Pasé un buen rato explicando a mi hijo en detalle cómo manejar el maravilloso Cooper. Puse a mi hijo al volante y yo me senté en el asiento de pasajeros. Empezó manejando en círculos en el jardín del frente de la propiedad. Al principio, él iba despacio haciendo círculos alrededor de los árboles, y siguiendo un cuadrado en la propiedad. Quince minutos más tarde, él se sentía con más confianza y aumentó la velocidad y las piruetas. Mi vecino me llamó por teléfono para preguntarme si me sentía bien. Le dije que me estaba divirtiendo mientras enseñaba a mi hijo a manejar el Cooper. Con mucha diplomacia me explicó que al ver el Cooper dar vueltas como loco en el jardín se preguntó si yo todavía estaba en mis cabales.

Después de un tiempo de vivir en Virginia, llegó la

hora de regresar a mi adorada California. Vine en avión y el Cooper llegó en la cama de un camión. Una vez que me establecí en mi nuevo hogar en California, compré un perro de la raza Akita que se acostumbró a viajar en el baúl del Cooper. Doblé los asientos traseros y convertí al Cooper en una camionetita.

Mi hijo estudiaba en una escuela privada, y como yo tenía mi propia empresa en California, era fácil para mi ir a buscar a los chicos a la salida de la escuela. Por las mañanas, en camino a su trabajo, Ernie llevaba a nuestro hijo y dos de sus amigos y por las tardes yo buscaba a los tres niños. Esta escuela secundaria tiene muchos estudiantes que viven en México y vienen a la escuela de San Diego. Un día, se le ocurrió a mi hijo preguntar el significado de la patente del auto. Me lo había preguntado años atrás pero ahora estaba más preocupado de lo que otros podrían pensar de su madre que se aparecía en la escuela con un auto cuya patente incluía la palabra pedos. Me dijo "no quiero andar en un auto que dice 'vamos pedos'". Él pensó que la patente significa el slogan que los hinchas de futbol gritan en las tribunas. Llevó un largo monólogo explicarle que era una expresión argentina que muy pocos iban a adivinar, aunque hablaran español, y que significaba ir rápido. Finalmente, se tranquilizó con el asunto de andar en el "Cooper Pedos" con sus amigos.

En 2015, volé a Alemania para comprar un ovejero manto negro que también aprendió a andar en la parte de atrás del Cooper con Luna, el Akita. Durante tres años, Luna, el ovejero llamado Maximus y yo viajamos felices por todos lados y donde había un buen lugar para hacer trekking juntos.

En 2018, Cooper estaba sufriendo los achaques de la edad, y se hacía costoso repararlo. Lo dejé de usar con la esperanza de que algún día encontraría un novio mecánico o el dinero para arreglarlo.

En diciembre de 2021, Cooper estaba estacionado en mi garaje, y sentí que me rogaba que lo hiciera andar otra vez. Como no tenía novio mecánico ni el dinero para arreglarlo, llamé a mi amigo Michael W., quién se la pasa en carreras de automóviles, y le gusta trabajar de mecánico, y le dije que Santa Claus le había dejado un regalo en mi garaje. En febrero de 2022 se llevó a Cooper. Yo estaba encantada de que el fabuloso Cooper iba a vivir en la casa de un amigo, y correr por las carreteras californianas una vez más.

¡Hasta el próximo paseo!

Amistades

Cuando conozco a una persona que trata de hacer amistad conmigo, siempre me pregunto cuántos amigos esa persona mantuvo desde su niñez, adolescencia y años en la universidad.

Los amigos, y la duración de tiempo que uno los mantiene en la vida, se pueden comparar con la riqueza y la fortuna. Una persona puede ser rica en amigos. Estos son los amigos que duran un corto tiempo porque esta persona tiene una personalidad egoísta y/o rasgos desagradables. Por otro lado, una persona puede tener una fortuna de amigos. Estos son los amigos de la niñez, la adolescencia y la universidad que permanecieron en la vida de este individuo, así como también los amigos creados de adulto que se mantienen en la vida de esta persona por más de cinco años.

Una persona rica en amigos tiene muchos, sin embargo, la tela que los sostiene es fina. Siempre existe el quid pro quo entre ellos. Se hacen favores a cambio de favores en lugar de hacerlos por amor al amigo y como acto de compasión.

Una persona con una fortuna de amigos puede contar sus amigos con dos manos, sin embargo, la tela que los sostiene es fuerte. Estos son los amigos que le dan una mano sin preguntar qué obtendrán a cambio.

Yo tengo la suerte de tener una fortuna de amigos. Leerá el nombre de la mayoría de ellos en la sección de Agradecimientos de este libro. Solamente hay lugar para nombrar unos pocos, de todas maneras, el resto de mis amigos que llevo muy cerca de mi corazón saben quiénes son.

¡Hasta el próximo paseo!

Transplante

Hace unas semanas, pinté un cuadro que lo llamé "Esperando a Pablo U". El cuadro es un auto-retrato de cuando yo tenía unos 20 y pico de años.

En ese entonces, me fui a vivir al Lago Gutiérrez en la Patagonia Argentina, y me enamoré de un tipo que tenía unos años más que yo y se llama Pablo U. Él trabajaba como gerente del pub local mientras que trataba de decidir si debería volver a su vida y exnovia en Buenos Aires, o quedarse en la Patagonia.

Salimos mientras que él trataba de encontrar la respuesta, y luego nos mudamos juntos. El pub funcionaba en una cabaña hermosa con muchas habitaciones que se usaban para vivir también. Tenía un hogar a leña grande que nos mantenía calientes durante los días fríos. El invierno en la Patagonia no es chiste.

Me enamoré de Pablo y de su perra Franca. Creo que miré demasiadas películas donde la protagonista es tan irresistible que le cambia la vida a cualquiera. Basándome en la actitud de Pablo, yo pensé que era esa muchacha.

Íbamos a todos lados juntos. Cocinábamos juntos. A los dos nos encantaba leer, y era tal el placer leer libros con mis piernas enroscadas en las de él, con Franca a nuestro lado, frente al hogar a leña. Cuando cierro los ojos, y respiro profundo, recuerdo el olor de ese lugar.

Durante la noche, el cuarto siempre estaba super frío, y usábamos un cuero de vaca para mantenernos calientes. Franca siempre dormía a nuestros pies, y a veces competía para ganar el lado más calentito de la cama.

Desafortunadamente, y para mi sorpresa, un día, Pablo me dijo que su exnovia llegaba en una semana, y que yo tenía que mudarme del Pub. Así tal cual, y tan frío como el invierno de la Patagonia.

Una pareja de australianos, que vivía a cuatro cuadras del pub, me dejó quedarme en el cuarto de huéspedes que tenían en su casa hasta que yo encontrara un lugar para alquilar. Durante dos semanas viví con John Edmunds, su esposa y los tres hijitos divinos. Pasé horas sentada en la venta Esperando a Pablo U -ergo, el título del cuadro.

Los Edmunds tenían una casita simple pero hermosa en el borde del lago. John me daba lectura sobre filosofía y estoicismo. Yo era super joven, y enamorada hasta la médula. Tenía que consolidar las enseñanzas de Buda sobre el concepto de no apegarse a nada, y las enseñanzas de los estoicos que me daba John.

Pasaron varias semanas y Pablo nunca vino a agarrarme de la cintura, levantarme en el aire y decirme que él también estaba enamorado de mí, como en las películas. Encontré una cabaña hermosa para alquilar a tres cuadras de la cabaña de los Edmunds. Unos meses más tarde, era mi turno de dejar la Patagonia e ir a otro lugar.

En 2022, después de terminar el cuadro, decidí aprovechar el poder de las redes sociales que permiten encontrar a personas sin importar cuán lejos vivan de nosotros. Encontré al famoso Pablo U. Por suerte, él se acordaba de mí, y le mostré el cuadro que pinté junto al texto que había escrito cuando lo puse en el Instagram y Facebook. Me dijo que se había quedado mudo. También me mandó una foto reciente de él y sigue tan guapo como siempre.

Después de caminar con los perros, pensé sobre el concepto del trasplante. Pensé en unos pocos tipos con los que me había enamorado locamente. Aún si pensara en la posibilidad de volver a estar con uno de ellos, y si ese tipo quisiera volver a iniciar un romance, todos viven en el extranjero.

Yo no pienso mudarme donde ellos están. Mi vida está aquí. Ellos también tienen vidas y profesiones establecidas en el lugar donde viven. Sería como trasplantar un árbol ya establecido. El árbol entraría en shock, y se moriría en el proceso del trasplante.

Me imagino al árbol viejo extrañando los pájaros que lo visitaban, y los gusanos que acariciaban sus raíces. Todos los perros que día tras día paraban para saludarlo con el gentil levante de pata contra el árbol, y regalando a las raíces el chorro infalible y amarillo de la orina.

Me pongo en el lugar de las raíces del árbol, y yo no creo que podría sobrevivir ese trasplante. Cuando nosotros y las plantas somos jóvenes, el proceso de trasplante es más fácil. Somos más maleables y la adaptación a un nuevo ambiente es posible. Tenemos la fuerza de la juventud para crecer ramas nuevas, crear oportunidades nuevas, y poner raíces bien profundas en nuestro nuevo lugar, y sostener el cambio.

Esto no tiene nada que ver con la edad. Tiene que ver con cuán bien y profundamente nuestras raíces están establecidas en la tierra donde nos encontramos. Cuando yo extiendo mis brazos en California, y mis pies tocan el suelo como si yo fuera un árbol, yo sé qué tipo de pájaros se posarán en mí. Sé que tipo de gusanos y topos se pondrán a tocarme las raíces.

Por esta razón, no creo que sea posible volver a iluminar un amor que ahora vive en tierras lejanas.

Un viejo amigo una vez me dijo, "nunca vuelvas al lugar donde una vez fuiste feliz".

¡Hasta el próximo paseo!

Hogares a leña

Esta mañana la temperatura era de 1°C bajo cero cuando salí a caminar con los perros. Podíamos ver el vapor que salía de las bocas. Los perros aceleraban la marcha sabiendo que eso les iba a calentar el cuerpo más rápido. Yo iba caminando detrás de ellos cuando olfateé el olor a madera quemada.

Las casas que están alrededor del parque tenían los hogares a leña encendidos, y después del paseo, pensé en todos los lugares donde viví que tenían un hogar a leña. Una decoración simple del hogar, usada por siglos para calentar a todos los seres vivientes, que tiene el poder de dejarnos mesmerizados con el cambio de los colores de las llamas que queman la leña.

Los hogares a leña están asociados con el romance, la celebración de Navidad, un lugar donde las familias se sientan y cuentan historias a sus hijos. Un hogar a leña, para mí, es un objeto que emana calor y sabiduría.

En todas las casas donde viví con mis padres hubo un hogar a leña. La casa donde me mudé con mi exmarido, la casa que compré después del divorcio, la casa en Virginia, la casa que alquilé en San Diego cuando regresé de Virginia, y la casa donde vivo ahora en California, todas con un hogar a leña. No nos olvidemos del hogar a leña del pub de Patagonia que describí en la historia anterior.

¿Quién no ha hecho el amor frente al hogar a leña? ¿Quién no ha disfrutado del buen vino mientras estaba en los brazos de un amor? ¿Quién no ha leído un buen libro frente al hogar a leña? ¿Quién no ha dejado que la mente divagara mientras disfrutaba de la danza de las llamas mientras que quemaban la madera?

Cierre los ojos y trate de imaginar uno de los hogares a leña de su vida.

¡Hasta el próximo paseo!

En mi teléfono

En el parque que queda frente a mi casa hay una hermosa cancha de tenis con carteles en ambos lados de la entrada que dicen claramente "NO SE PERMITEN PERROS EN LA CANCHA DE TENIS".

Kapa'a y yo estábamos disfrutando de nuestra caminata matutina cuando vi a cuatro personas y dos perros dentro de la cancha de tenis. Saqué mi teléfono y puse a andar la cámara de vídeo, y con mucho respeto les pregunté si podían leer el cartel. Siempre hablo del error de asumir cosas y no quería yo asumir que ellos podían leer un cartel en inglés. El siguiente diálogo quedó grabado en mi teléfono:

Perdón, ¿pueden ustedes leer el cartel?

Sí, estamos a puntos de sacar a los perros.

Bueno, pero no deberían haberlos puesto en primer lugar. Por eso es que tenemos los carteles.

Seguí caminando y me encontré con ellos otra vez fuera de la cancha de tenis. La mujer que tenía al perro de raza Husky dijo "no quiero estar en su teléfono", a lo cual contesté "éste es un lugar público. Si no quieres estar en los teléfonos de otra persona, no rompas las reglas metiendo los perros en la cancha de tenis y tener el coraje de estar parada justo al lado del cartel que dice que no debes hacerlo".

No es la primera vez que agarro a personas que usan la cancha de tenis como parque de diversión para perros. La última vez que sucedió fue el día de Navidad. Seis perros dentro de la cancha de tenis, y cuatro personas con ellos. El diálogo en esa ocasión fue agresivo por parte de ellos. Uno de los hombres empezó a gritarme que yo era una racista y que, si ellos hubieran sido blancos en lugar de marrones, yo no hubiera dicho nada. Me fascina que a pesar de ser él quien estaba haciendo algo que no está permitido, y en lugar de admitirlo, él optó por insultarme llamándome racista.

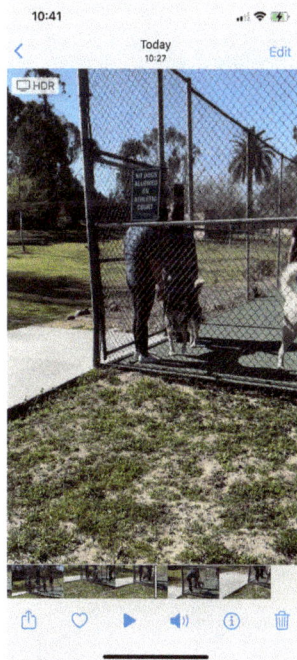

Además de ser de mal gusto, le quita legitimidad a los casos verdaderos de racismo que existen en el mundo.

No soy una Karen, o sea, una de esas mujeres que se meten en todo y acusan a gente de hacer cosas que no hicieron. A mí no me importa quién es usted ni que color tiene en la piel. Si mete perros en la cancha de tenis, terminará en mi teléfono y luego con el cuidador de parques. Punto y basta.

¡Hasta el próximo paseo!

Puente de Coronado

Antes de salir de paseo con los perros, leí un mensaje hermoso que mandó el Dr. Peter Attia sobre el puente Golden Gate de San Francisco. El mensaje hablaba de la relación de la belleza del puente y el hecho de que es el puente más usado para los que se quieren suicidar.

En su mensaje, él habla de la barrera de prevención de salto que está siendo construida en el puente. La construcción empezó en 2018 y quedará terminada para el 2023. Él hace un comentario interesante sobre la determinación de la persona que quiere terminar su vida, y señala los datos de los experimentos conducidos por el investigador de la Universidad de Berkeley, Richard Seiden y otros, que muestran que el suicidio es un lapso temporal de la razón.

En el Condado de San Diego, California, tenemos el famoso Puente de Coronado que se inauguró en 1969. En noviembre de 2021, Diane Bell escribió una columna[1] para el periódico San Diego Union Tribune sobre las personas que saltan del Puente de Coronado. Dos de ellos sobrevivieron. Se estima que más de 400 personas han saltado desde este puente.

El Puente de Coronado tiene un cartel para la

prevención del suicidio con un teléfono para llamar. La ironía de la situación es que el lugar exacto donde está el cartel, y en casi todo el puente, no hay recepción celular para poder hacer llamadas. Si la hay, es muy débil e intermitente.

Recuerde que se ha demostrado que el suicidio es un comportamiento temporario, y aunque usted cree que no hay ninguna solución para su problema, su mente está operando a capacidad limitada y en canal angosto. Los hombres y las mujeres que trabajan en los servicios de asistencia a los que se quieren suicidar le ayudarán a ver con claridad el siguiente minuto de su vida, la siguiente hora de su vida para que usted pueda ver la luz al final del túnel y hablar con un profesional especializado que le pueda ayudar.

Tenemos avances increíbles en los campos de tecnología y psicología de comportamiento cognitivo. Propongo que el gobierno cubra los gastos de un collar de alarma que se puede distribuir gratuitamente a las personas que están a riesgo de suicidarse. Casi diariamente, leemos en los periódicos y los medios de redes sociales sobre el alto porcentaje de suicidio entre la población de veteranos de guerra. Este grupo debería ser el primero en recibir este dispositivo. El collar de alarma se puede usar discretamente debajo de la ropa. Como sabemos que el acto de suicidio es un lapso temporario de la mente, con un toque de botón en el collar de alarma se puede salvar una vida. Una vez que la persona aprieta el botón, el teléfono celular de esta persona recibe una llamada de un profesional, la familia recibe la llamada, y los servicios de emergencia que se especializan en asistir estos casos.

Un amigo una vez me dijo que él piensa que el acto de suicidarse es lo más egoísta que puede hacer una persona porque deja una riestra de tristeza a las personas que el suicida deja atrás. No estoy de acuerdo con que, en el momento de suicidarse, una persona puede contemplar con claridad de mente si el acto será egoísta o no, y como resultado de ese pensamiento la persona deja de tratar de suicidarse.

Por naturaleza, todas las especies de seres vivientes se esfuerzan por preservar la vida. De hecho, a veces llamamos egoístas a las personas que, en caso de emergencia, corren para salvar sus propias vidas en lugar de hacer un acto de heroísmo y salvar las vidas de otros, aún corriendo el riesgo de muerte.

Mientras escribo esta historia, los noticieros informan al mundo sobre el suicidio de una modelo de 30 años de edad que, en los ojos del espectador, lo tenía todo. Sin embargo, me imagino el dolor y la angustia de esta muchacha.

¡Hasta el próximo paseo!

Terremotos

Estaba caminando con los perros cuando sentimos que la tierra se movía debajo nuestro. Me di cuenta que teníamos un pequeño terremoto, aunque lo suficiente como para que los sintiéramos al caminar. Seguimos caminando y después del paseo me puse a pensar en todos los terremotos que sentí.

El terremoto de Algarrobo en Chile que mató 82 personas también se sintió en Buenos Aires, Argentina. Mi hermano y yo estábamos viviendo en el piso 24 de un edificio lujoso en el barrio de Belgrano R. De repente, mientras que estábamos cenando, sentí náusea. Pensé que la comida estaba podrida. Justo cuando le iba a decir a mi hermano que me sentía mareada, vimos que el candelabro se movía de lado a lado, y enseguida todo el edificio se ladeaba. Teníamos entradas para el teatro, así que decidimos agarrar las entradas y salir corriendo por las escaleras. Todo el edificio se movía como mínimo 30 cm de lado a lado.

Mi primer terremoto en California sucedió mientras estaba haciendo las compras en el supermercado. Estaba buscando pasta dentífrica. De repente, todo se cayó de la estantería. Pensé que yo había desarrollado un poder mágico o exorcismo. Una de las empleadas gritó la palabra terremoto y yo salí del supermercado echando putas como quilombo en quiebra.

En 1994, estaba ya casada y mi marido y yo estábamos disfrutando un fin de semana en el hotel Ritz Carlton de Dana Point, California. Ernie siempre quería las habitaciones que no estuvieran en planta baja, sin embargo, el hotel cometió un error ese día y nos dieron un cuarto en planta baja. Todos los cuartos de los pisos de arriba estaban ocupados.

Durante la tarde, estábamos sentados al lado de la piscina cuando de repente uno de los empleados comenzó a pedir a todas las personas que saliera rápidamente de la piscina. Nos preocupamos y le preguntamos al empleado cuál era el problema. Nos señaló un sorete marrón y gigante que flotaba en las aguas azules y prístinas de la piscina. Un niño decidió que la piscina era el inodoro gigante ideal para cagar.

El dicho dice "quién anda contando los inconvenientes" pero, en mi mente, yo los venía enumerando: el cuarto equivocado, y luego el sorete en la piscina.

A las 4 a.m., Ernie me despertó diciendo "Ceci, tenemos un pequeño terremoto". Cuando abrí los ojos, las persianas del cuarto sonaban a castañuelas de flamenco. La cama se sacudía. Todo el cuarto parecía una licuadora. Agarré mi bata, lo tomé a Ernie de la mano, y los dos saltamos, por suerte, desde la ventana de la planta baja del cuarto al césped donde ya había muchas personas asustadas mirando al hotel.

Probablemente se preguntaban si el hotel se iba a derrumbar frente a nosotros.

En agosto de 1998, nuestro hijo tenía 9 meses de edad cuando nuestra casa se sacudió con el terremoto de la falla de San Andreas. Los dos salimos corriendo al cuarto del niño, y nos paramos debajo del marco de la puerta. Habíamos construido su cuna debajo de un tipo de protección contra terremotos, así que él estaba completamente seguro. Ni siquiera se dio cuenta de que sus padres estaban petrificados a pocos pies de su cuna.

En 2011, estaba viviendo en Virginia y la idea de un terremoto estaba tan completamente alejada de mi mente que cuando sucedió el terremoto de la ciudad de Mineral, y me caí en las escaleras de mi casa, pensé que había sido una explosión en la base de Quántico. Los perros aullaban. Los gatos salieron disparados de la casa. Yo salí corriendo de la casa y fui a hablar con mi vecino que también estaba asustado pensando que había sido una explosión.

Durante los últimos tres meses, hemos tenido varios terremotos en el sur de California. En uno de los más grandes que sentí, mi perra Juliette se puso a ladrar al mismo tiempo que sentí que se sacudía mi cama. Pensé que alguien se había metido en mi casa. Le llevó a mi mente unos segundos para que yo me diera cuenta que teníamos otro maldito terremoto.

Mientras que pensaba en todo este movimiento de la tierra, me di cuenta de que cuando se trata de desastres naturales como terremotos, huracanes, tornados, incendios e inundaciones, yo prefiero el terremoto a cualquiera de los otros.

¡Hasta el próximo paseo!

Comercialización de la consciencia

Estoy hipnotizada, y decepcionada al mismo tiempo, de que uno de los ocho principios de la filosofía budista está siendo comercializado, y hay personas creando toda una industria alrededor de ese concepto.

En realidad, no debería estar sorprendida porque, después de todo, vivimos bajo un sistema capitalista donde muchas ideas florecen en el mercado. Algunas son buenas. Otras son malas. El año pasado, la estrella de televisión estadounidense Stephanie Matto anunció que estaba vendiendo sus pedos en una jarra de vidrio por $1000.

En un país donde la gente está dispuesta a pagar cualquier cantidad de dinero para comprar pedos en jarra, entonces, no estoy sorprendida que alguien pensó en hacer dinero vendiendo uno de los ochos principios de la filosofía budista.

Estas empresas y personas que ofrecen clases de consciencia que prometen una panacea de cambios mentales, y éxito, y quién sabe qué más, me hacen acordar a los vendedores de aceite de víbora del Lejano Oeste estadounidense.

Para los cristianos que leen este libro, ¿se imagina

usted si alguien agarra uno de los diez mandamientos y comienza a vender clases y le promete cambios de vida, etc., simplemente por concentrarse en un solo mandamiento?

Mi amigo Crawford Coates escribió un libro sobre consciencia para el personal de la policía y emergencia. Entiendo lo que él está tratando de lograr, y estoy de acuerdo con él en que, si él sugiriera la filosofía budista como un todo a estas personas, lo sacarían corriendo. Nadie prestaría atención a lo que él quiere comunicarles. Sin embargo, con mucha habilidad, él incorporó en su libro todos los otros principios de la filosofía budista. Hasta me invitó a hablar en su podcast sobre el tema de consciencia desde el punto de vista de una occidental educada como Zen budista. Por cierto, él no vende aceite de víbora, y su programa salvará la vida de muchos en las comunidades de las fuerzas de la ley y personal de emergencia.

Si yo fuera a comercializar uno de los principios de la filosofía budista para mejorar la calidad de vida de muchos, lo haría con el principio de Discurso correcto. Desde 2016, el nivel de intercambios de palabras vitriólicas escaló en todas las esferas de la sociedad: gobierno, industria, Hollywood, deportes y escuelas. Si quiere tomar una clase acelerada de discurso vitriólico, no tiene más que pasar diez minutos en Twitter.

¿Qué quiere decir Discurso correcto? Es cuando usted habla y menciona hechos sin hacer un agujero en el alma de otros seres vivientes. Por ejemplo, si está discutiendo con su pareja, colega, hijo, etc., en lugar de decirle "eres un cretino", usted debería decir "te estás comportando como esas personas que a menudo son llamadas cretinas".

Imagine una pared recién pintada. Alguien le pega un puñetazo a la pared y hace un agujero. Usted repara el agujero usando masilla y pinta la pared otra vez. Sin embargo, el agujero en la pared es permanente aún si usted ya no lo ve. La verdad es que ese agujero permanecerá en la pared para siempre.

Cuando usted insulta a alguien, usted le está haciendo un agujero en el alma. No importa si luego usted pide perdón, el daño ya está hecho, y es permanente.

Veo a las personas que ofrecen clases de consciencia para curar enfermedades de ansiedad y otras. Como yo sufro de ansiedad, y soy budista, una persona me preguntó hace un tiempo qué clase de budista soy que todavía sufro de ansiedad. Me reí. Luego, expliqué, con toda mi paciencia budista, que las enfermedades de ansiedad, como los ataques de pánico, tienen un componente de desbalance químico que se produce sin que la persona haya hecho nada para causarlo. Uno nace con un cerebro que no tiene la capacidad de absorber serotonina. La filosofía budista me ayudó enormemente a lidiar con eso. Mientras que una persona está teniendo un ataque de pánico, la filosofía budista, y en particular las enseñanzas de Thich Nhat Hanh sobre la concentración en la respiración, son esenciales para ayudarnos a navegar y llegar al otro lado del ataque de pánico.

Si tuviera que expresar mis ataques de pánico en forma de arte, una pintura en mi caso, veo una ola gigante que comienzo a trepar a medida que el ataque de pánico se empieza a formar. Una vez que estoy en la cresta de la ola, el ataque de pánico está en su total magnitud, y empiezo a sentir los síntomas que acompañan los típicos ataques de pánico: el corazón late super rápido, mareos, falta de percepción de profundidad y una lista de otros síntomas que algunas personas sienten. Luego, bajo la ola haciendo surf mientras que retomo control, y el ataque de pánico desaparece.

La filosofía budista y mi práctica de respiración me han ayudado a surfear estas olas sintiendo que estoy en control de la situación. Diría que surfeo con menos pánico.

Lo que sea que usted esté sufriendo a nivel emocional, le recomiendo que lea los libros de Thich Nhat Hanh. No necesita convertirse en budista. Es una filosofía de vida y no una religión. Usted puede aprender a vivir bajo los principios budistas para tener una vida más plena mientras que continúa practicando su religión.

Por sobre todas las cosas, usted no necesita comprar aceite de víbora.

¡Hasta el próximo paseo!

No es suficientemente bueno

En la historia de Dinero gratuito, hablé del concepto que Morgan Housel describe en su libro La psicología del dinero, las personas que no tienen el concepto de suficiente; o sea, que nunca se sienten satisfechas. Quieren más y más, y están dispuestas a romper la ley y las reglas de ética para conseguir más y más.

¿Qué pasa con el concepto de suficiente cuando otras personas nos dicen que no es suficiente, sin importar cuánta dedicación hemos puesto en esa tarea? Usted hace un gesto de bondad, sin embargo, la persona que lo recibe se queja de que el gesto no es lo suficientemente bondadoso.

Pensé en las personas que nos juzgan en lo que sea que hagamos, y para ellas, nunca es lo suficientemente bueno.

Mi padre era uno de esas personas. Yo podía ganar una regata, sin embargo, en lugar de escuchar palabras de felicitación, él me decía "qué lástima que el velero detrás tuyo estaba tan cerca". Si me sacaba una nota alta en una clase, luego él decía "que lástima que en la otra no te fue tan bien".

Tuve la fortuna de tener una abuela maravillosa y

mentores dedicados que reconocieron mis logros, y me dieron el coraje de seguir adelante, y la auto-estima para ignorar a aquellos que eran incapaces de apreciar mis logros.

No tengo resentimiento contra mi padre. Solamente describo como él era. Sin embargo, me pregunto si el hecho de que estuve expuesta a este concepto de "no ser lo suficientemente buena" por mi padre pudo haber sido lo que me empujó a tener esta vida ecléctica personal y profesional que desarrollé desde jovencita. Tal vez, si un psicólogo lee este libro, un día leeré la respuesta en los medios sociales de comunicación.

Para las actividades que hice, siempre usé el esfuerzo correcto, lo cual es otro de los principios de la filosofía budista. Siempre traté de lograr lo mejor. Tuve la fortuna que, de adulta, recibí reconocimiento por mis trabajos por parte de colegas, amigos y familiares. En las áreas donde necesitaba mejorar, me lo sugirieron, y trabajé para mejorarlas.

Tengo una historia divertida sobre un miembro de la familia que me sugirió una mejora. En una historia anterior en este libro, expliqué la "fila de gusanos" de Virginia. Un día, mi hijo, que en ese momento tenía 7 años de edad, iba en el auto conmigo, y la persona que iba sentada en el asiento de pasajeros me preguntó cuántos idiomas hablaba yo. Le respondí diciendo "francés, italiano, portugués, español e inglés con acento". El atrevido de mi hijo dijo "ah ah señorita, necesitas ayuda con tu inglés". Todos nos largamos a reír a carcajadas.

¡Hasta el próximo paseo!

No mezcle las cajas

Nuestras vidas transcurren en diferentes escenarios y medios, como el trabajo, la familia, la escuela, las relaciones de pareja, la salud, los amigos, la gente que no encontramos de casualidad, el gimnasio o club, las finanzas, la educación de los hijos, etc.

Yo llamo a estos medios "las cajas de la vida". Cada una de estas cajas viene cargada de su propio dinamismo, placeres y dramas. Hay cosas que usted puede controlar, y cosas que están más allá de su control. Para las cajas que tienen otras personas en ellas, como el trabajo y el gimnasio o club, usted realmente necesita tener el arte de la paciencia, y aprender cuando seguir la conversación con esas personas o continuar su enfoque en la actividad que está haciendo.

En el trabajo, usted debe mantener ciertos comportamientos y a veces tragarse las palabras en lugar de decir a un jefe o compañero de trabajo que se vayan al carajo, porque usted sabe que la consecuencia de eso es que le despidan, y se queda sin salario. Situaciones como ésta causan estrés. Si usted no desarrolló un canal saludable para liberar el estrés, a menudo lo lleva a otras cajas, como la caja de la salud y/

o la caja de la familia.

El estrés que lleva a las cajas de relaciones de pareja, los hijos, mascotas, o la familia puede hacer que usted conteste mal, le pegue a la mascota, pegue a los hijos, grite, beba en exceso, etc. Ninguno de los miembros de estas cajas le hicieron nada malo, y no hay razón para que usted descargue en ellos su frustración o enojo acumulado en el trabajo. La caja de la salud también queda afectada porque hay un dicho que dice que el estrés mata.

En efecto, la razón de esta historia es enseñarle que lo que sucede en una caja debe ser negociado en esa caja. Algo parecido al dicho de que "lo que sucede en Las Vegas, queda enterrado en el desierto".

¿Qué tal cuando está manejando y se encuentra con una colección de idiotas que se meten frente a su auto? Usted llega a su destino con los músculos tensionados porque el estrés lo consume. Luego, se la agarra con quien sea la primera persona que se cruza con usted.

¿Lleva usted los problemas laborales a su vida personal? Usted llega a su casa después de haber tenido un día complicado en el trabajo, y trata a todos los miembros del hogar con rudeza, y su excusa es que tuvo un día malo en el trabajo.

¿Tiene problemas en el hogar con sus hijos, pareja o parientes? Luego, usted llega al trabajo y trata mal a todo el mundo y su excusa es que tiene problemas en el hogar.

Si estos escenarios describen a usted, entonces es

hora de que aprenda sobre las cajas de la vida, y cómo separarlas.

El gráfico que viene a continuación muestra algunas de las cajas que encontramos en la vida. Dejé dos en blanco para que usted pueda agregar otros lugares donde pasa tiempo, y que no están incluidos aquí.

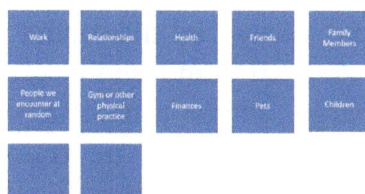

Work	Relationships	Health	Friends	Family Members
People we encounter at random	Gym or other physical practice	Finances	Pets	Children

¿Cómo arregla esto? Usted debe lidiar dentro de cada caja con los problemas que encuentra en ella. Si tiene problemas en el trabajo, vaya al departamento de recursos humanos si es necesario, o pida con cortesía a su compañero o compañera de trabajo que deje de hacer lo que esa persona hace y a usted le molesta. Cuando sale del trabajo, deje los sentimientos que pertenecen al trabajo, en el trabajo.

Cuando llega a su casa, sin importar si es un lugar de paz o donde también hay problemas, esté presente en el momento y con los sentimientos que pertenecen a ese lugar exclusivamente. No lleve a su hogar los sentimientos creados en el trabajo, o cuando un idiota le corta el paso en la autopista.

En otras palabras, no envenene un pozo con el agua

podrida de otro pozo.

Entiendo que usted quiera hablar con su pareja, o amigos, de los problemas en la caja del trabajo u otra caja. No le estoy diciendo que no puede tener una conversación sobre los eventos que tuvieron lugar en el trabajo, o mientras que usted iba manejando, o en cualquiera de las otras cajas. Le pido que deje las emociones negativas dentro de la caja donde tuvieron lugar. Cuando usted llega a su casa, y su pareja le pregunta que tal estuvo su día, usted puede dar un pantallazo general, tal como que el proyecto marcha bien, sin embargo, tengo problemas con el jefe o un compañero o compañera de trabajo, y deje la conversación ahí. Aún si su pareja le pide detalles, no vuelva a vivir las emociones de estrés de la caja del trabajo en la caja del hogar.

En la vida, cuando ocurre un evento, solamente podemos controlar el 90% de la situación. Debemos aceptar el 10% que no podemos controlar. En la filosofía de budismo Zen, decimos "lo que es, es" y lo dejamos allí. Para el 90% que podemos controlar, aplicamos los principios de la filosofía budista para asegurarnos de que hablamos con gentileza, comprendemos a otros seres vivos, hacemos la acción correcta con la intención correcta, estamos conscientes y presentes en el momento, elegimos una digna manera de ganarnos la vida, ponemos el mejor esfuerzo en todo lo que hacemos, y practicamos meditación, prestando atención a nuestra respiración.

¡Hasta el próximo paseo!

Apoye a los artistas en vida

Los artistas muertos ya no tienen que pagar cuentas.

Además de trabajar con perros, defensa cibernética y análisis de información, también soy pintora. Usted puede ver mis cuadros en www.ceciliaanastos.com

Unos meses atrás, escribí la frase "apoye a los artistas con vida" en el campo de búsqueda de Google, y descubrí muchos sitios interesantes, incluyendo propaganda para camisetas con la leyenda "Apoye a los artistas en vida – los muertos no necesitan comer".

Durante la caminata de hoy, por un momento, me perdí en la belleza de la luz del Parque Collier, y pensé que, unos de estos días, yo iba a hacer un cuadro de este paisaje. Luego, antes de continuar con mi concentración en mi respiración durante la caminata, pensé en qué más podría yo hacer para encontrar compradores para mis cuadros.

Entiendo que a usted le gusten los movimientos de arte del pasado. A mí también me gustan. Mis períodos favoritos son el impresionismo y el post-impresionismo. Para el pasado, tenemos museos, tal como el Musée d'Orsai en Paris con una colección magnífica de pintores de estos movimientos de arte.

En San Diego, me gusta visitar los museos de arte del Parque de Balboa.

En mi casa, tengo varios cuadros del pintor belga Guy Moreaux que todavía vive, y de la australiana Cindy Parsley que todavía vive y, por supuesto, tengo colgados varios de mis cuadros. Aunque tengo dos reproducciones del pintor francés ya fallecido, William Adolphe Bouguereau, no las compré. Fueron un regalo que me hicieron. Nunca compraría un poster o reproducción. Ni siquiera gastaría un centavo en comprarle un marco porque realmente creo en la importancia de apoyar los pintores que están con vida.

Es posible que usted piense que todo esto que digo es para servir mi propio propósito. Lo sería si yo no hubiera comprado cuadros de pintores en vida, pero los compré. ¡Soy dueña de ocho Moreauxes!

Éstas son algunas de las razones por las que quiero ayudar en este movimiento de apoyar a los pintores con vida, además del hecho que los pintores muertos no necesitan el dinero. Muchos ni siquiera dejaron descendientes que pudieran disfrutar del dinero una vez que el pintor muere. Las casas de remate de arte son las que se llevan todo el dinero de la venta de un cuadro de un pintor muerto.

Aquí están las razones:

Las obras de arte son una inversión: Si usted compra un cuadro de un artista que, como yo, participa en competencias juradas, y recibe premios, su cuadro aumentará de valor. Un cuadro gana o mantiene el valor. Nunca bajará de valor.

Si usted compra un cuadro de un pintor local, usted ayuda a la economía local. Los artistas pagan un montón de impuestos cuando venden cuadros. Esos impuestos van a la biblioteca local, las escuelas, los proyectos de caminos, etc.

Cuando usted cuelga un cuadro de un artista que aún vive, hasta puede sentir la historia que inspiró al artista a crear esa obra. Todos mis cuadros tienen un certificado de autenticidad que describe la inspiración, o raison d'être, del cuadro.

Hay muchas obras falsas en el mercado del arte, y a veces, hasta los expertos de arte tiene dificultad en decidir la autenticidad de un cuadro. Cuando usted compra un cuadro de un pintor con vida que le da un certificado de autenticidad, usted recibe una prueba indiscutible de quién es el autor de la obra.

Cuando usted compra un cuadro único y original, en lugar de un poster o una reproducción, usted está colgando en su pared algo que nadie tiene. Ésta es la razón por la que mis cuadros no están disponibles en forma de poster. Yo solamente vendo el original así los dueños se pueden sentir especiales porque tienen un cuadro único.

Cuando usted compra cuadros de artistas con vida, usted ayuda a avanzar el futuro del mundo del arte. Entiendo que usted quiere tener un Picasso o un Pollock. Si lo puede pagar, adelante, siempre y cuando compre la obra original. Al mismo tiempo, me gustaría ver que usted tiene también cuadros de artistas con vida. De esta manera se equilibra la balanza. Usted también favorece la carrera profesional de un artista con vida.

Espero que usted encuentra estas razones convincentes y visite mi página web www.ceciliaanastos.com y cuelgue uno, o más, de mis cuadros en su pared.

¡Hasta el próximo paseo!

Felicidad

Participo mucho en LinkedIn y, en las últimas semanas, muchas de mis conexiones escribieron sobre la felicidad. Estaba leyendo el libro de Harari llamado Homo Deus donde trata el tema de la felicidad en las primeras páginas del libro. Antes de salir a pasear con los perros, leí algunos de esos comentarios en LinkedIn y, por un momento durante el paseo, pensé en mi felicidad.

La felicidad no se compra, ni se adquiere por ósmosis, ni se encuentra de repente cuando uno conoce a otra persona. La felicidad no viene de eventos externos ni de posesiones. La verdadera felicidad está presente dentro de uno mismo. Si usted camina por la vida diciendo que será feliz el día que [gane la lotería, encuentre la pareja perfecta, lo contraten para trabajar en], en otras palabras, esperar que factores externos le traigan felicidad, es probable que usted viva una vida sin satisfacciones.

Yo creo que la felicidad viene desde adentro de uno mismo. Se preguntará cómo se hace para encontrar la semilla de la felicidad dentro de uno mismo, y hacerla crecer hasta que se convierte en la esencia de su ser. Le recomiendo que empiece por lo más básico: concéntrese en la respiración. El respirar, en particular durante la pandemia que estamos viviendo, es un lujo que mientras escribo este libro hay 3 millones de personas que no tienen el placer de poder hacerlo. Respire hondo y sonría. Esa sonrisa le está regando la semilla de la felicidad.

¿Me afectan los eventos externos? Por supuesto que sí. Sin embargo, no crean erosión en mi estado natural de felicidad. Esos eventos funcionan como la decoración de la torta. Usted puede tener la torta más exquisita, y le agrega una decoración que le da un gusto raro o un gusto rico. De todos modos, el bizcochuelo de la torta exquisita no cambia. Yo sufrí pérdidas, ansiedad, temor, sentí la pasión, y el amor loco. Todas estas cosas son decoración en mi torta de la felicidad.

En francés, tenemos una expresión que dice *état de bonheur permanente.* Así es como yo vivo mi vida.

¿Quiere aprender más sobre esta filosofía? Le recomiendo los libros del monje budista Zen Thich Nhat Hanh y su monasterio en Francia llamado Plum Village.

¡Hasta el próximo paseo!

Pionera

Estuve viendo la serie de televisión llamada 1883, y me di cuenta, durante este paseo, de que logré muchas cosas como pionera en áreas donde nadie lo había hecho antes, y también al quitar de lado costumbre en algunos de los círculos más conservadores del país.

Mientras miro la serie, me veo reflejada en el personaje Elsa Dutton, interpretado por Isabel May, quien se afana de la libertad a toda máquina.

Mi experiencia de pionera comenzó cuando tenía 8 años y era la única niña participando en regatas en la clase Optimist en el club donde era socia. Cuando cumplí los 12 años de edad, me hicieron capitana del equipo. Los chicos me hacían mucha burla porque no estaban contentos con que "una falda" fuera la capitana del equipo. No les hice mucho caso. Creo que eso me hizo más segura de mí misma. Tenía a Cristina Lawrence, mi abuela y mis padres cuidando mi espalda. La opinión de los otros poco importaba.

Cuando cumplí 18 años, introduje la famosa tanga brasilera en el club. Uno de los clubes de náutica más conservadores del país, y allí estaba yo mostrando mi culo con mucho orgullo "a la Brasil". Si, claro, todos los ojos puestos en mi culo con tanto ardor que sentía que las nalgas me quemaban. Seis meses más tarde, Mariana B. otra muchacha del club pero que no corría regatas y siempre andaba tomando sol, se apareció con su propia tanga brasilera.

A los pocos meses, las mismas mujeres que miraban horrorizadas a Mariana y a mí decidieron usar la tanga brasilera también. Tal vez se cansaron que sus maridos estuvieran tan entretenidos mirando a otra parte.

En los 90s, inauguré mi técnica de cavalletti y masaje equino en el Club de Polo de Del Mar. Uso estas técnicas para sanar a los caballos que se lastiman jugando al polo, y para prevenir ese tipo de lastimaduras musculares y de ligamentos. Siempre estaré agradecida a Suzanne G. y Brian M. por confiar en lo que les decía y haberme dado un caballo para que les pudiera mostrar el trabajo que yo podía hacer. Después de eso, me parecía a la Madre Teresa cuando llegaba al campo de polo, tenía muchos clientes y caballos esperando para disfrutar la habilidad de mis manos y los ejercicios de cavalletti. ¿Hacían bromas los polistas? ¡Por supuesto! La más común era preguntarme si también masajeaba personas. Yo les contestaba diciendo "no, porque los hombres no patean". Los dejaba con la boca abierta y perplejos porque no sabían qué contestar. Para cuando tomaban la respiración, yo ya estaba trabajando en otro caballo.

Soy pionera en la investigación de información pública digital para crear análisis de inteligencia y en defensa cibernética, pero esto será, tal vez, el tema de otro libro.

Si yo hubiera vivido en los Estados Unidos de 1883, hubiera sido una Elsa Dutton de pies a cabeza.

¡Hasta el próximo paseo!

Reencarnación

Hoy, durante el paseo, me vino a la mente la imagen de Elsa Dutton y los otros cowboys que andaban arreando los caballos Mustang.

Yo creo en la reencarnación. La energía no se gana ni se pierde, sino que se transforma.

Cuando mi energía se vaya de mi cuerpo, yo quiero transformarme en un Mustang sorrel. Quiero correr salvajemente y en libertad, donde sea que quiera ir.

El Mustang sorrel no es común en las manadas de caballos. Siempre me sentí poco común en la manada de personas aquí en la tierra.

¡Hasta el próximo paseo!

¿A quién le importa?

Por mucho tiempo, después del nacimiento de mi hijo, yo escribí una revistita electrónica trimestral para los amigos y la familia donde contaba las aventuras de Los Tres Anastos.

Un día, estaba hablando con mi tía Pettty en el teléfono. Ella me preguntó qué planes tenía para el fin de semana, y yo le dije que iba a escribir la revistita. Antes de que pudiera terminar de decirle el resto de las cosas que tenía planeado hacer, ella dijo "Ceci, ¿a quién le importa tu revistita?"

Después del paseo, y mientras pensaba cuál será el destino de estas historias, pensé si mi tía tenía razón y a nadie le importa lo que escribo.

Espero que mis historias le despierten la curiosidad de leer más sobre los temas profundos que toco en alguna de ellas, y que las historias ligeras le hagan reír.

Gracias por tener la curiosidad suficiente para haber comprado mi libro.

---

[1]   https://www.sandiegouniontribune.com/columnists/story/202 1-11-09/column-coronado-bridge-tells-suicide-story accessed on February 2022.

Agradecimiento

Agradezco a Siddhartha Gautama - Buda- por el legado que nos dejó para que pudiéramos cultivar nuestras mentes, y a mi abuela Magdalena que tuvo la sabiduría de presentarme esta filosofía de vida.

Muchas gracias a mis hermanas Janice Ryan, Wendy Joplin y Vivi Cilurzo que siempre me alientan para que haga de mis sueños una realidad, y nunca se cansan de escuchar las tribulaciones de mi mente activa.

A mis amigos de la infancia Tere Llado, Adriana Leno, Ale Basilico, Guillermo "Archi" Martini, Dr. Marcelo Medel, Ana Carranza, Bebe y Betty Martinez, y el único Alfredo "Gato" Bafico Rojas. Ustedes han estado a mi lado de manera incondicional cuando la vida me presentó con dificultades, y cuando la diversión estaba a flor de piel.

A mi mentor de publicación, Rick Miller, con quien soy amiga desde hace 16 años. Él me dio el coraje de publicar este libro.

A mis lectores que al comprar este libro no solo me ayudan a mi financieramente, sino que también a la organización sin fines de lucro llamada Syngap Research Fund (Fondo de investigación del Syngap) a la cual dono el 10 por ciento de mis ganancias provenientes de la venta de mis cuadros y libros.

About The Author

Cecilia Anastos

Cecilia Anastos tiene el título de graduada de Inteligencia estratégica con especialización en el Medio Oriente, un certificado de graduada en Crimen cibernético, una licenciatura en Justicia criminal con especialización en psicología, y el título de Adiestradora profesional de perros. Anastos es también pintora con su estudio ubicado en el pueblo de Ramona, California; y ella también adiestra perros de servicio para niños con enfermedades genéticas raras. Habla cinco idiomas, es pionera en la utilización de fuentes digitales de información pública para crear análisis de inteligencia, y en la reducción de huellas electrónicas en el espacio cibernético. Ella diseñó y enseñó el primer curso de defensa cibernética para las fuerzas especiales de la marina estadounidense (US Navy SEALs), así como para los departamentos de policía y el sector privado. En 2016, el San Diego Business Journal reconoció a Cecilia Anastos como uno de los líderes con más influencia en

el campo de la cibernética. Ese mismo año, ella fundó su escuela canina www.meridusk9.com y su estudio de arte ceciliaanastos.com Anastos es profesora adjunta de la Universidad estatal de San Diego donde da clases de OSINT, y gerencia de riesgo en el espacio cibernético.

Books By This Author

After The Walk

Versión en idioma inglés y libro original.